Alice Hart

Verrückt nach INGWER

80 süße Verführungen

Fotos von Yuki Sugiura

AT Verlag

»Ich muss Safran haben zum Färben der Apfelkuchen; Muskatblüten, Datteln – keine, die stehen nicht auf dem Zettel. Muskatnüsse, sieben, ein oder zwei Stückchen Ingwer – aber die müssen sie mir zugeben – vier Pfund Pflaumen und ebensoviel Traubrosinen.«

Shakespeare, »Ein Wintermärchen«, IV: II

Einführung

Dieses Buch ist dem exotischen Gewürz Ingwer gewidmet und zugleich der Kunst, es in all seinen Formen zu köstlichen Süßspeisen und Desserts zu verarbeiten.

Parfümiert, pikant oder erfrischend je nach Zubereitungsform, ist Ingwer (botanisch *Zingiber officinale*) eines der vielseitigsten und wertvollsten Gewürze. Ingwer wird in tropischen und subtropischen Gefilden, insbesondere in Jamaika, Indien, Afrika und China, wegen seines unterirdischen Hauptsprosses, des sogenannten Rhizoms, angebaut. Die Pflanze gehört zur selben botanischen Familie wie Kardamom und Kurkuma. Seit Jahrtausenden wird Ingwer sowohl in der Küche wie auch in der Naturheilkunde verwendet, und im Römischen Reich diente er sogar als Währung und Wechselgeld. Vermutlich war Ingwer das erste Gewürz aus dem asiatischen Raum, das seinen Weg nach Europa fand und hier hoch geschätzt wurde. Da Ingwer auch in Topfkultur gedeiht, konnte er über weite Strecken transportiert werden. Nach dem Fall des Römischen Reichs geriet das Gewürz in Europa in Vergessenheit, bis es durch die Reisen des Marco Polo in den Fernen Osten ein Comeback erlebte und wieder zu dem wurde, was es einmal war: ein kostbares, begehrtes Gewürz.

In der westlichen Küche wird Ingwer in erster Linie zum Würzen von Desserts und Gebäck verwendet. Klassische Rezepte sind Kekse, Lebkuchen, Kuchen und Ingwerbier. Um sein pikantes Aroma noch weiter zu intensivieren, kombiniert man Ingwer oft mit karamellisiertem Zucker, süßem Sirup, Honig, geschmacksintensiven Gewürzen, saftigem Obst, Cremes und cremigem Speiseeis. Aber auch die Kombination mit puren, klaren Aromen wie dem von Kokosnuss, Kaffirlimette, Zitronengras sowie Zitrusfrüchten in Gelees, Cocktails, Sorbet und Eiscreme ist ideal.

Ganz gleich, wonach Ihnen der Geschmackssinn steht – ich hoffe, dass Sie in diesem Buch viele köstliche Lieblingsrezepte finden werden und vielleicht für Freunde und Familie selbst die eine oder andere Variante ersinnen.

Einige Tipps

Von Ingwer braucht es keine großen Mengen, denn sein pikantes Aroma ist sehr intensiv. So mag ein Bissen eines stark mit Ingwer gewürzten Kuchens vielleicht noch munden, aber eine ganze Scheibe davon völlig ungenießbar sein. Verwenden Sie Ingwer daher vorsichtig und vertrauen Sie vor allem Ihrem Geschmack.

Beim Ersetzen von frischem durch getrockneten Ingwer oder umgekehrt gilt: 1 Esslöffel geriebener frischer Ingwer entspricht etwa ⅛ Teelöffel Ingwerpulver. Beachten Sie, dass es unterschiedliche Qualitäten gibt, die sich naturgemäß in Geschmack und Aroma unterscheiden.

Ingwer in allen Formen

Frischer Ingwer

Junge Ingwer-Rhizome – so nennt man die fleischigen, handförmig verzweigten Sprosse – besitzen ein frisches, zitroniges Aroma, das sich bei älteren Rhizomen verliert. Je länger und knorriger die Rhizome sind, desto schärfer ist das Aroma; reiferer Ingwer empfiehlt sich also für scharfe Gerichte. Den frischesten Ingwer findet man in den Gemüseabteilungen von Asialäden – denn hier bleibt er nie lange im Regal liegen.

Die beiden rechts abgebildeten Ingwersorten stammen aus Indien (oben) und aus Jamaika (Mitte). Am häufigsten sind die indischen Spielarten mit runden Sprossen, brauner Schale, blassgelbem Fleisch und mildem Aroma. Für Ingwerbier (siehe Seite 142) sind kleine, dunkelschalige Rhizome aus Jamaika ideal, da sie festes Fleisch und ein würziges Aroma haben.

Kaufen Sie immer möglichst frische, feste Rhizome mit dünner Schale und ohne Flecken. Die Schale sollte hellbraun und glänzend sein. Rhizome mit faltiger oder verschrumpelter Schale lassen Sie am besten im Gestell liegen. Zieht man etwas Schale ab, sollte sich hellgelbes, saftiges Fruchtfleisch zeigen. Ist das Fleisch faserig und trocken, handelt es sich um ein altes Exemplar. Weichen Sie dieses einige Stunden in kaltem Wasser ein, dann quillt das Fleisch wieder auf.

Kaufen Sie frischen Ingwer in kleinen Mengen und bewahren Sie ihn in einer Papiertüte im Kühlschrank auf; so bleibt er bis zu drei Wochen frisch. Oder Sie schälen ihn und frieren ihn in einer Plastiktüte ein; dann hält er sich bis zu sechs Monate. Bei Bedarf können Sie ihn einfach eingefroren reiben. Einmal aufgetaut, wird er schnell matschig. Verlangt das Rezept gewürfelten oder in Streifen geschnittenen Ingwer, sollten Sie frischen verwenden. Auf Seite 12 finden Sie Tipps zum Einfrieren von geriebenem Ingwer im Eiswürfelbehälter.

Galgant

Wie Ingwer ist auch Galgant oder Galanga (auf dem rechten Foto ganz unten) ein Rhizom. Galgant gehört zur Familie der Ingwergewächse und stammt von der Pflanze *Alpinia galanga*. Er besitzt ein schärferes, pfeffrigeres Aroma als Ingwer und ist in ganz Südostasien beheimatet. Mit seinem sahnigen, weißen Fleisch und seinen rosa Triebspitzen, die sich mit der Zeit braun verfärben, kann er genau so wie Ingwer verwendet werden. Mit seinem sehr pikanten Aroma passt er am besten zu indonesischen oder anderen südostasiatischen Gerichten; für die subtilen Aromen westlicher Gerichte ist er oft zu intensiv. In Desserts geht er mit Zitronengras, Limettensaft und tropischen Früchten köstliche Verbindungen ein. Sie können ihn statt Ingwer in Obstsalaten und Cocktails verwenden, um ein etwas anderes Aroma zu erhalten.

Achten Sie beim Kauf darauf, dass die Haut weißlich, glatt und möglichst frei von Flecken und Schadstellen ist. In eine Papiertüte eingewickelt, hält sich Galgant bis zu zehn Tage im Kühlschrank.

Oben frischer indischer Ingwer, in der Mitte frischer jamaikanischer Ingwer, unten rechts Galgant.

In Sirup eingelegter Ingwer

Da es in diesem Buch nur um süße Rezepte geht, wird kaum frischer Ingwer aus Südostasien verwendet, sondern hauptsächlich in Zuckersirup eingelegter Ingwer aus dem Glas, auch als Ingwernüsse *(Ginger nuts)* oder Ingwerpflaumen bezeichnet, auch wenn weder Pflaumen noch Nüsse im Spiel sind; die Bezeichnung bezieht sich lediglich auf die Form der Ingwerstücke. Ingwernüsse sind scharf und besitzen eine leichte Gewürznote. Das pfeffrige Aroma wird durch den Zuckersirup abgemildert. Ingwernüsse sind ideal für alle, denen frischer Ingwer zu pikant ist.

Ingwernüsse sind rundlich, mittelbraun, leicht durchsichtig und in klaren Zuckersirup eingelegt. Jede Nuss wiegt nach dem Abtropfen rund 20 Gramm. Manche Supermärkte bieten schon abgetropfte, gewürfelte Ingwernüsse an, deren Aroma aber meist zu wünschen übrig lässt.

Ingwernüsse lassen sich vielseitig verwenden: Man kann sie hacken und in Gebäckteig einrühren, auf Kekse streuen oder mit Eiscreme vermischen. Mit dem Sirup lassen sich Getränke, Saucen und Karamell abschmecken. In Zuckersirup eingelegte Ingwernüsse findet man in Asialäden und teilweise in gut sortierten Supermärkten. Angebrochen nicht länger als sechs Wochen im Kühlschrank aufbewahren.

Ingwernüsse kann man auch selbst herstellen (siehe Seite 14). Luftdicht verschlossen und kühl gelagert sind sie bis zu vier Monate haltbar. Einmal angebrochen, sind sie im Kühlschrank aufzubewahren und innerhalb von vier Wochen zu verbrauchen.

Kandierter Ingwer

Kandierter Ingwer sind abgetropfte, gewürfelte und in Zucker gewälzte Ingwernüsse. Man kann ihn einfach so genießen, für Kleingebäck oder Kekse verwenden oder fein gehackt in verschiedensten Speisen verarbeiten. Sein mild-würziges Aroma harmoniert perfekt mit reichhaltigen Zutaten wie Schokolade und Honig. Kandierter Ingwer wird, bereits gewürfelt, in Konserven, Gläsern oder Tüten angeboten. An einem kühlen Ort hält er sich mindestens zwölf Monate.

Ideale Kombinationen mit Ingwer

Ingwer harmoniert mit vielen Aromen, besonders mit Karamell, Honig, braunem und Rohzucker sowie Backobst, mit Rahm, Milch und Butter, mit Zimt, Muskatnuss, Kardamom, Pfeffer, Sternanis, Lorbeerblättern, Lebkuchengewürz, mit Zitrusfrüchten und Rhabarber.

Ingwerpulver

Ingwerpulver kann unterschiedliche Farben haben, von dunklem Rotbraun bis zu hellem Beige. Seine Konsistenz ähnelt der von Mehl. Ingwerpulver ist mild und würzig zugleich.

Ingwerpulver wird in Afrika, Indien und China produziert, für viele gilt jedoch das aus Jamaika als das beste. Hochwertiges Ingwerpulver verströmt ein reines, süßliches, warmes Aroma. Achten Sie beim Kauf auf möglichst frische Qualität und entsorgen Sie – wie bei allen anderen Gewürzen auch – angebrochene Packungen nach vier bis sechs Monaten. Sie können getrockneten Ingwer auch selbst zu Pulver mahlen. Ingwerpulver in einem luftdicht schließenden Glas möglichst kühl und dunkel aufbewahren.

Im Ganzen getrockneter Ingwer hält sich, ebenfalls kühl und dunkel aufbewahrt, ungemahlen etwa zehn Wochen.

Ingwerwein

Ingwerwein ist ein aromatischer heller Gewürzwein mit dem typischen würzigen, leicht scharfen Geschmack der Ingwerwurzel. Er ist im spezialisierten Handel fertig erhältlich oder kann auch selbst hergestellt werden. Ein einfaches Rezept ist das folgende: 1 Stück frischen Ingwer (ca. 15 cm lang) schälen und hacken, mit 450 ml Reiswein in eine saubere, trockene Flasche geben und fest verschlossen an einem warmen Ort mindestens 2 Wochen durchziehen lassen. Zwischendurch immer wieder leicht schütteln. Abseihen.

Oben Ingwernüsse, in der Mitte kandierter Ingwer, unten Ingwerpulver.

Techniken
und Grundrezepte

Grundtechniken

Um Ingwer zu reiben, zu hacken, zu hobeln oder in Scheiben zu schneiden, benutzen Sie am besten eine Vierkantreibe. Um kleine Stückchen zu erhalten, schneidet man Ingwer quer zur Faserrichtung.

Schneiden Sie frischen Ingwer längs in dünne Scheiben, legen Sie diese aufeinander und schneiden Sie sie in der gewünschten Dicke in Streichholzform. Dann quer schneiden, um Würfelchen zu erhalten.

Frischer Ingwer lässt sich leicht schälen, indem man die Schale mit einem scharfkantigen Teelöffel abkratzt. Damit kann man sehr gut Tee aromatisieren, denn die meisten Nährstoffe des Ingwers sitzen direkt unter der Schale. Zum Schälen können Sie auch einen Gemüse- oder Sparschäler benutzen.

Um frischen Ingwer einzufrieren, wickeln Sie ihn ungeschält oder geschält (so lässt er sich anschließend leichter reiben) in Alu- oder Frischhaltefolie.

Sie können die geschälten Ingwerwurzeln auch fein reiben und in Eiswürfelbehältern einfrieren.

Um Ingwersaft herzustellen, benutzen Sie eine Knoblauchpresse. Mit Ingwersaft können Sie unterschiedlichste Gerichte aromatisieren. Das Fruchtfleisch des Ingwers lässt sich auch in einem Musselintuch ausdrücken.

Um Ingwer in Alkohol zu konservieren, schälen Sie das Rhizom, schneiden Sie es in Scheiben und geben Sie diese in ein Glas. Dann mit Sherry bedecken und im Kühlschrank zwei Monate ziehen lassen. Verwendet werden die Ingwerscheiben wie auch der aromatisierte Sherry, Letzterer für Marinaden, Sabayon und Saucen.

Größere Mengen Ingwer kann man auch in der Küchenmaschine oder im Cutter (Blitzhacker) zerkleinern, bis er die gewünschte Konsistenz hat. Streifen Sie zwischendurch mit einem Spatel die Stückchen von der Wand des Gefäßes ab, damit am Schluss alle Stücke die gleiche Größe haben.

Hinweise

Lebkuchengewürz ist eine je nach Region oder Produzent immer wieder anders zusammengestellte Mischung von Gewürzen, meist mit Zimt, Nelken, Piment, Ingwer und Muskatnuss, oft auch ergänzt durch Kardamom, Koriander und Zitrusaromen. Lebkuchengewürz ist als fertige Mischung im Handel erhältlich.

Zucker: Der in einigen Rezepten verwendete Demerara-Zucker ist ein aus Zuckerrohr gewonnener Rohzucker, der mit Melasse, ebenfalls aus Zuckerrohr, versetzt wird. Er ist relativ grobkörnig, leicht klebrig, von hellbrauner bis dunkelbrauner Farbe und schmeckt leicht karamellartig.

Stäbchenprobe: Um zu prüfen, ob der Kuchen durchgebacken ist, stechen Sie mit einem Metall- oder Holzstäbchen in die Mitte des Teigs; bleiben beim Herausziehen keine Teigreste am Stäbchen kleben, ist der Kuchen gar.

Wasserbad: Ein hitzebeständiges Gefäß über einen Topf mit köchelndem Wasser stellen, um darin Zutaten auf sanfte Art zu erwärmen und zum Schmelzen zu bringen.

Tee-/Esslöffel: Wenn nicht anders angegeben, sind immer gestrichene Tee- bzw. Esslöffel gemeint.

Backofentemperatur: Bei Verwendung von Umluft, sind die angegebenen Ofentemperaturen um 10 Grad zu reduzieren.

Kandierter Ingwer

Kandierten Ingwer bereiten
Sie am besten selbst zu – so ist er
frischer und aromatischer als
fertig gekaufter. Er lässt sich viel-
fältig verwenden, zum Beispiel
in Kuchen, Eis, Keksen, Tartes und
Trüffeln ... Mit dem Zuckersirup
lassen sich Getränke, Creme-
speisen und Eis aromatisieren und
süßen.

350 g frischer Ingwer, geschält
550 g Zucker

Mit einem Gemüsehobel oder einem spitzen
Messer den Ingwer in 2 cm dicke Scheiben
schneiden. In einem Topf mit dickem Boden
die Ingwerscheiben mit 500 g Zucker vermischen, mit 750 ml Wasser aufgießen und
bei niedriger Temperatur erhitzen, bis sich
der Zucker aufgelöst hat. Anschließend
1½ Stunden bei niedriger Hitze unter gelegentlichem Rühren leise köcheln lassen.

Die restlichen 50 g Zucker auf ein Backpapier
streuen. Den Ingwer mit einem Schaumlöffel
aus dem Zuckersirup heben und abtropfen
lassen, dann auf das mit Zucker bestreute
Backpapier geben und abkühlen lassen.

Sobald der Ingwer nur noch lauwarm ist, das
Backpapier leicht schütteln, so dass der Zucker
die Scheiben rundherum umhüllt.

Den restlichen Ingwer-Zuckersirup können Sie
für verschiedene weitere Rezepte verwenden.

Ergibt 1 Glas von 350 g
Zubereitungszeit: 20 Minuten
Kochzeit: 1½ Stunden

Grundzubereitungen

Einfacher Ingwersirup

225 g feiner Zucker
150 g frischer Ingwer, in dünne Scheiben
geschnitten

Den Zucker und den Ingwer mit 300 ml
Wasser in einen Topf geben. Bei niedriger
Temperatur zum Kochen bringen und rühren,
bis sich der Zucker aufgelöst hat. Die
Temperatur etwas erhöhen und 8 Minuten
köcheln lassen.

Den Topf vom Herd nehmen und den Inhalt
15 Minuten abkühlen lassen, dann abseihen.
Den Ingwer entfernen und den Sirup in einem
fest verschlossenen Glas oder einer Flasche
kühl aufbewahren.

Ergibt 325 ml Sirup
Zubereitungszeit: 10 Minuten
Kochzeit: 25 Minuten + 15 Minuten
Abkühlzeit

Ingwerzucker

3 TL Ingwerpulver
1½ TL Zimtpulver
1½ TL gemahlene Nelken
½ TL Quatre-Epices ersatzweise
Lebkuchengewürz oder Piment
6 TL feiner Zucker

Alle Zutaten vermischen und in einem
luftdicht verschlossenen Glas aufbewahren.

Hinweis: Quatre-Epices ist eine traditionelle
Gewürzmischung der französischen Küche.
Sie besteht aus zirka 8 Teilen weißem Pfeffer,
je 1 Teil getrocknetem Ingwer und Gewürznelken sowie 2 Teilen Muskatnuss. Sie findet
vor allem Verwendung für Wildgerichte,
Pasteten, Würste, Terrinen, Schmorgerichte
sowie als Lebkuchengewürz.

Ergibt etwa 60 g Zucker
Zubereitungszeit: 5 Minuten

Ingwer-Gewürz-Sirup

225 g feiner Zucker
40 g frischer Ingwer, geschält, in Scheiben
geschnitten
2 Zimtstangen
4 Körner schwarzer Pfeffer
1 Muskatnuss, geviertelt

Alle Zutaten zusammen mit 250 ml Wasser
in einen Topf geben. Bei niedriger Temperatur
unter Rühren erhitzen, bis sich der Zucker
aufgelöst hat, dann bei leicht erhöhter
Temperatur 2 Minuten köcheln lassen. Zugedeckt 10 Minuten abkühlen lassen, dann
den Sirup abseihen. Die Gewürze wegwerfen
und den Sirup in einem fest verschlossenen
Glas oder einer Flasche kühl aufbewahren.

Ergibt 300 ml Sirup
Zubereitungszeit: 10 Minuten
Kochzeit: 5 Minuten + 10 Minuten
Abkühlzeit

Ingwer-Gewürzmischung

Bei Verwendung von ungemahlenen
Gewürzen mahlen Sie folgende Gewürze
zusammen:
1 Stück getrockneter Ingwer, 2½ cm lang
1 Zimtstange
4 ganze Gewürznelken
1 gute Messerspitze geriebene Muskatnuss

Bei Verwendung von bererits gemahlenen
Gewürzen mischen Sie:
2½ TL Ingwerpulver
1½ TL Zimtpulver
½ TL gemahlene Nelken
1 gute Messerspitze geriebene Muskatnuss

In einem luftdicht verschlossenen Glas ist die
Gewürzmischung bis zu vier Monate haltbar.

Ergibt etwa 20 g Gewürzmischung
Zubereitungszeit: 5 Minuten

Oben einfacher Sirup und Ingwer-Gewürz-Sirup, unten Ingwerzucker und Ingwer-Gewürzmischung.

Ingwercreme

Ob zu Desserts mit oder ohne
Ingwer – diese luftig leichte,
mit Ingwer bestäubte Creme ist
etwas ganz Besonderes.

280 ml Rahm
3 EL Zuckersirup von kandiertem Ingwer
(siehe Seite 14)
nach Belieben 2 Ingwernüsse, fertig gekauft
oder selbst zubereitet (siehe Seite 14),
fein gehackt

Alle Zutaten in einer Schüssel mischen und
steif schlagen.
Mit dieser Creme können Sie Torten und
Kuchen überziehen und Gelees oder andere
Desserts verzieren.

Ergibt 300 ml
Zubereitungszeit: 5 Minuten

Vanillesauce und Englische Creme mit Ingwer

Ein köstlicher Begleiter zu Kuchen
und Torten und eine wunderbare
Grundlage für Eiscreme.

150 ml Vollmilch
150 ml Rahm
60 g frischer Ingwer, geschält, gepresst
1 Vanilleschote, aufgeschlitzt, nach Belieben
4 Eigelb
25 g feiner Zucker

Milch, Rahm, Ingwer und Vanilleschote
in einem Topf zum Kochen bringen
und 5 Minuten ziehen lassen. Abseihen, die
Vanilleschote und die Ingwerstücke gut
ausdrücken, um ihnen möglichst viel Aroma
zu entziehen.

Die Eigelbe zusammen mit dem Zucker
cremig aufschlagen. Die Gewürzmilch erneut
bis kurz vor den Siedepunkt erhitzen, über
die Eimischung geben und umrühren. Die
Creme zurück in den kalt ausgespülten Topf
füllen, bei niedriger Temperatur erhitzen und
eindicken lassen. Dann zugedeckt abkühlen
lassen; damit sich auf der Oberfläche keine
feste Haut bildet, diese am besten direkt mit
einem Stück Frischhaltefolie abdecken.

Für die Englische Creme (Crème Anglaise)
ebenso vorgehen, aber nur 3 Eigelb verwenden und die Milch sowie den Rahm durch
350 ml flüssige Crème fraîche (niedrige
Fettstufe) ersetzen. Diese dickflüssige Creme
bildet die Grundlage für zahlreiche Desserts.

Ergibt 350 ml
Zubereitungszeit: 10 Minuten
Kochzeit: 12 Minuten

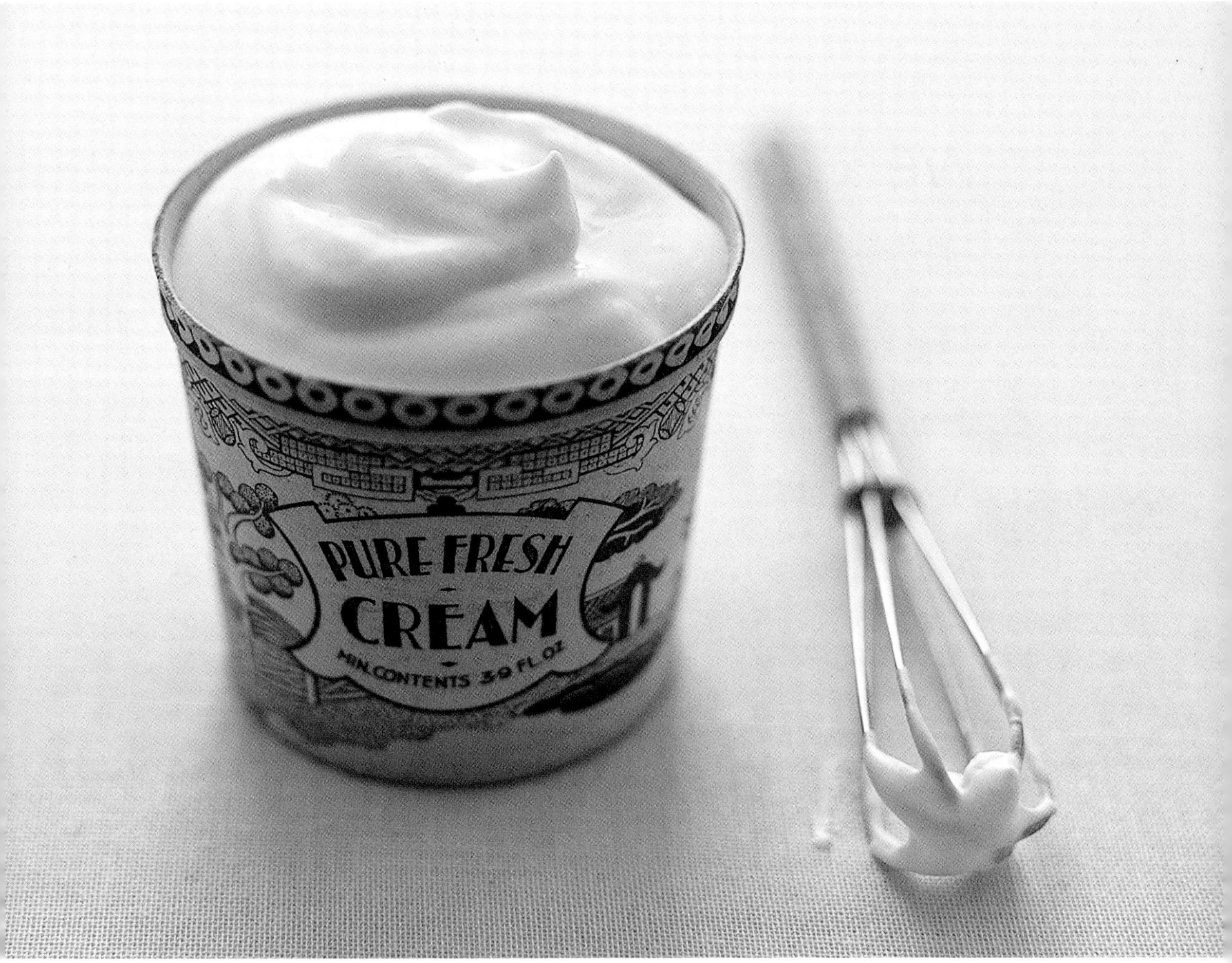
PURE FRESH
CREAM
MIN.CONTENTS 3·9 FL.OZ

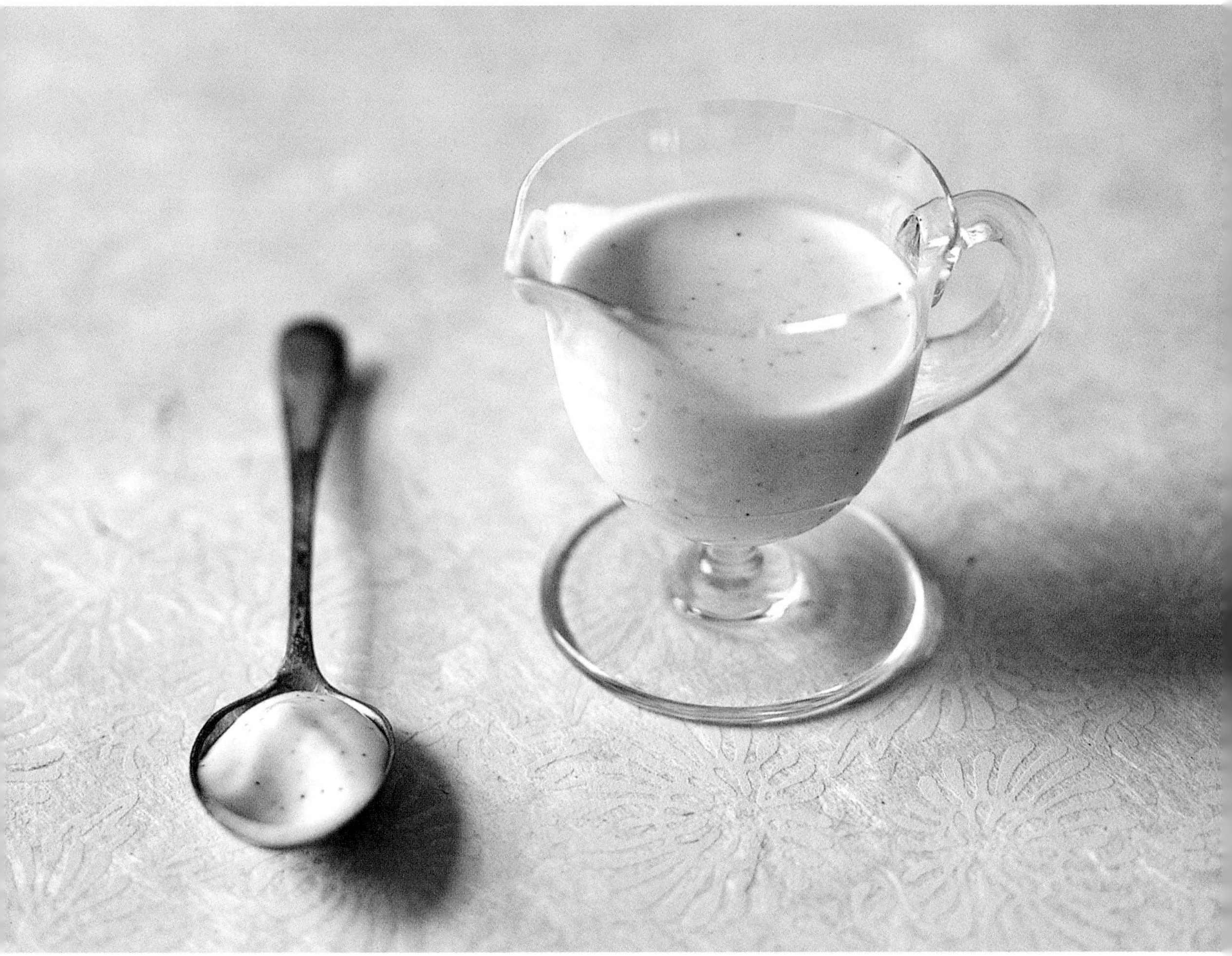

Mürbeteig ... mit einem Hauch von Ingwer

Ob mit oder ohne Ingwer – dieses einfache, bewährte Rezept ist die Basis für viele unterschiedliche Tartes und Kuchen. Ingwer gibt zum Beispiel einer Pflaumen-Tarte (siehe Seite 72) eine unvergleichliche Note.

180 g Mehl, gesiebt
15 g Puderzucker
1 Prise Salz
1 TL Ingwerpulver nach Belieben
90 g kalte Butter, klein gewürfelt
1 Eigelb

Mehl, Zucker, Salz und Ingwerpulver, falls verwendet, in der Küchenmaschine mischen, dann die Butter dazugeben und weiterrühren, bis ein krümeliger Teig entstanden ist. Das Eigelb sowie 1 Esslöffel eiskaltes Wasser hinzufügen und alles zu einem glatten Teig verarbeiten. Den Teig auf der bemehlten Arbeitsfläche gut durchkneten und in Frischhaltefolie verpackt 30 Minuten kühl stellen.

Den Teig auf der bemehlten Arbeitsfläche ½ cm dick und 4 cm größer als der Durchmesser der Kuchenform ausrollen. Die Form damit auskleiden, den Boden mit einer Gabel mehrfach einstechen und nochmals mindestens 20 Minuten kalt stellen.

Zum Blindbacken den Ofen auf 180 Grad vorheizen und darin ein Blech miterhitzen. Den Teigboden mit einem passend zugeschnittenen Stück Backpapier oder Alufolie bedecken und darauf zum Beschweren getrocknete Hülsenfrüchte oder Reis verteilen. Dann die Form auf das Blech in den Ofen stellen und 20 Minuten backen. Anschließend das Papier und die Hülsenfrüchte entfernen und den Teigboden weitere 10 Minuten backen, bis er sich goldbraun färbt. 10 Minuten abkühlen lassen, dann mit einem spitzen Messer die überstehenden Teigränder abschneiden.

Für eine Tarte- oder Kuchenform von 24 cm Durchmesser
Zubereitungszeit: 10 Minuten + 50 Minuten Ruhezeit
Backzeit: 30 Minuten + 10 Minuten Abkühlzeit

Kuchen, Torten & Co

Einfacher Gewürzkuchen

Dieser einfache, mit Ingwer und anderen Gewürzen subtil aromatisierte Kuchen ist eine Gaumenfreude für viele Anlässe. Karamellisiert man ihn, gewinnt er ein weiteres Aroma.

600 g Mehl
1½ EL Natron
1 Prise Salz
1 TL Zimtpulver
2½ TL Ingwerpulver
½ TL Lebkuchengewürz
175 ml Öl
175 g brauner Zucker
1 Ei
250 g Rohzuckersirup oder Melasse

Den Ofen auf 180 Grad vorheizen. Eine quadratische Form (23 cm Kantenlänge) mit Backpapier auskleiden.

In einer Schüssel Mehl, Natron, Salz und Lebkuchengewürz vermischen.

In einer zweiten Schüssel das Öl und den Zucker 3 Minuten aufschlagen, dann das Ei und den Zuckersirup beifügen und weitere 2 Minuten schlagen. Unter Rühren die Mehl-Gewürz-Mischung und anschließend 150 ml heißes Wasser hinzufügen. Den Teig in die Form füllen und etwa 25 Minuten backen, bis der Teig aufgegangen ist und sich bei Druck fest anfühlt.

10 Minuten in der Form abkühlen lassen, dann auf ein Kuchengitter stürzen und vollständig erkalten lassen.

Um den Kuchen mit einem karamellisierten Belag zu versehen, den Boden der Form mit 25 g Butter bestreichen und mit braunem Zucker ausstreuen. Darauf 100 g gehacktes oder in Streifen geschnittenes Obst verteilen (Birnen, Äpfel, Ananas, Bananen, Beeren, Mango oder Pfirsiche), anschließend den Teig einfüllen und wie angegeben backen.

Ergibt einen großen Kuchen
Zubereitungszeit: 10 Minuten
Backzeit: 25 Minuten + 50 Minuten Abkühlzeit

Ingwer-Schnecken

Wenn Sie die Schnecken fürs Frühstück oder den Brunch backen wollen, lassen Sie den Teig über Nacht im Kühlschrank aufgehen. Lassen Sie ihn dann Raumtemperatur annehmen, bevor Sie ihn zu Schnecken rollen und backen.

340 ml Milch
200 g weiche Butter
2 EL Trockenhefe
60 g feiner Rohzucker
375 g Mehl, gesiebt
1 TL Salz
260 g heller Rüben- oder Demerarazucker
40 g kandierter Ingwer oder Ingwernüsse, fein gehackt
75 g getrocknete Aprikosen, gehackt
4 EL Zuckersirup von kandiertem Ingwer (siehe Seite 14)

Die Milch in einem Topf erhitzen. Kurz vor dem Siedepunkt 50 g weiche Butter dazugeben und abkühlen lassen.

Die Trockenhefe und 1 gute Prise Rohzucker mit 100 ml heißem Wasser vermischen und 5 Minuten an einem warmen Ort stehen lassen, bis sich Schaum bildet.

Den restlichen Rohzucker, Mehl und Salz in eine Schüssel geben und in der Mitte eine Mulde formen. Die Milch und die Hefemischung hineingießen und alles zu einem Teig verarbeiten. Diesen auf einer bemehlten Fläche 8–10 Minuten durchkneten, bis er geschmeidig ist. Den Teig in eine Schüssel geben, mit geölter Frischhaltefolie abdecken und an einem warmen Ort 1 Stunde aufgehen lassen.

Den Ofen auf 200 Grad vorheizen, ein Muffinblech mit 12 Vertiefungen fetten. Den Teig nochmals 1 Minute durchkneten und zu einem Rechteck von 25 x 40 cm ausrollen. Mit 100 g zerlassener Butter bestreichen, mit 175 g Zucker, dem Ingwer und den Aprikosen bestreuen. Von der Längsseite her zuerst das untere Drittel des Teigs umklappen, dann das obere Drittel darüberlegen und das Ganze erneut zu einem Rechteck wie das ursprüngliche ausrollen. Den Teig mit der restlichen Butter bestreichen und mit dem restlichen Zucker bestreuen. Dann von der Längsseite her eng einrollen. In 12 dicke Scheiben schneiden, diese mit der Schnittfläche nach oben in die Mulden des Muffinblechs setzen und an einem warmen Ort 10 Minuten gehen lassen.

Die Schnecken mit dem Zuckersirup bestreichen und 30 Minuten backen. Noch heiß aus dem Blech nehmen und abkühlen lassen.

Ergibt 12 Schnecken
Zubereitungszeit: 30 Minuten + 70 Minuten Ruhezeit
Backzeit: 30 Minuten

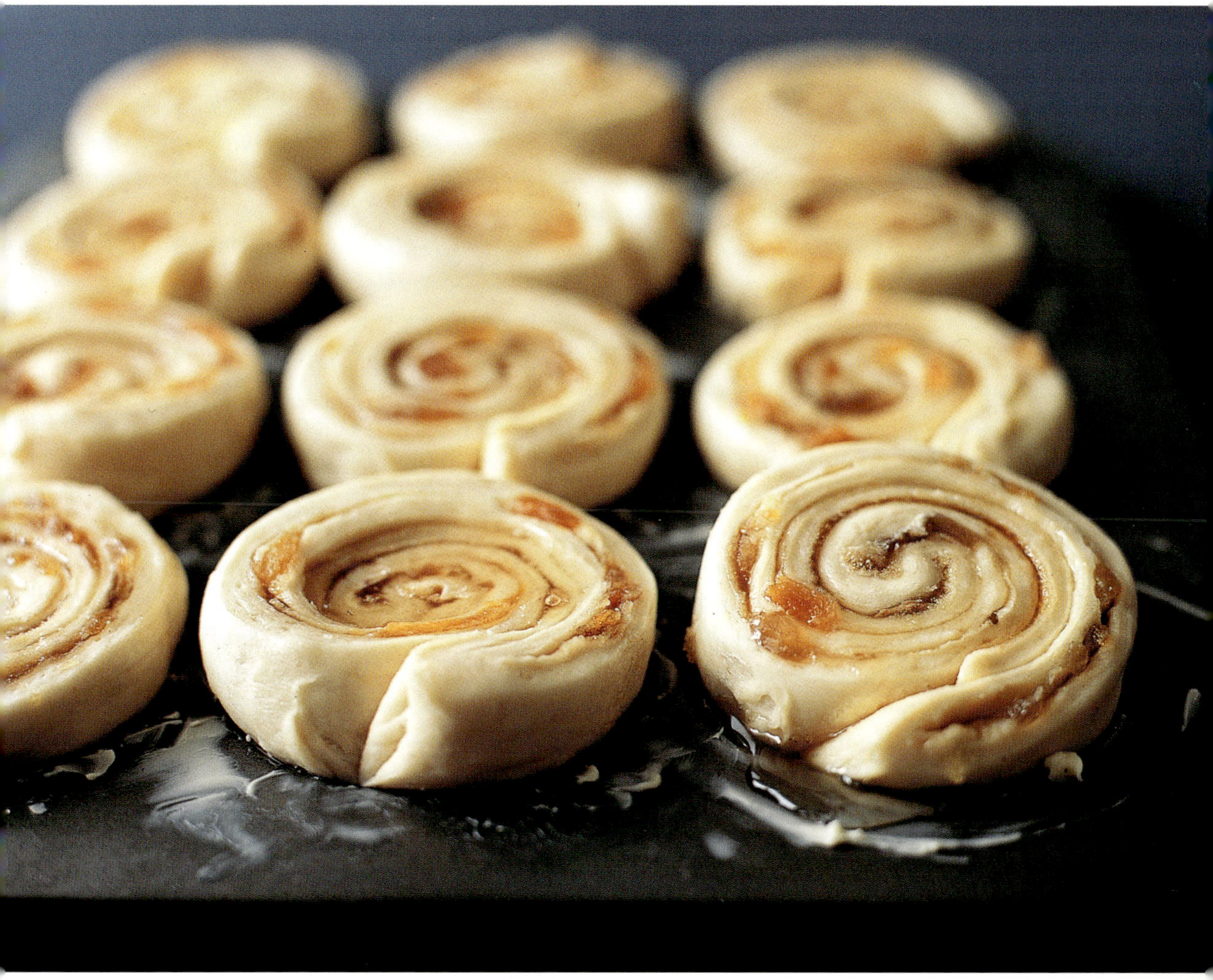

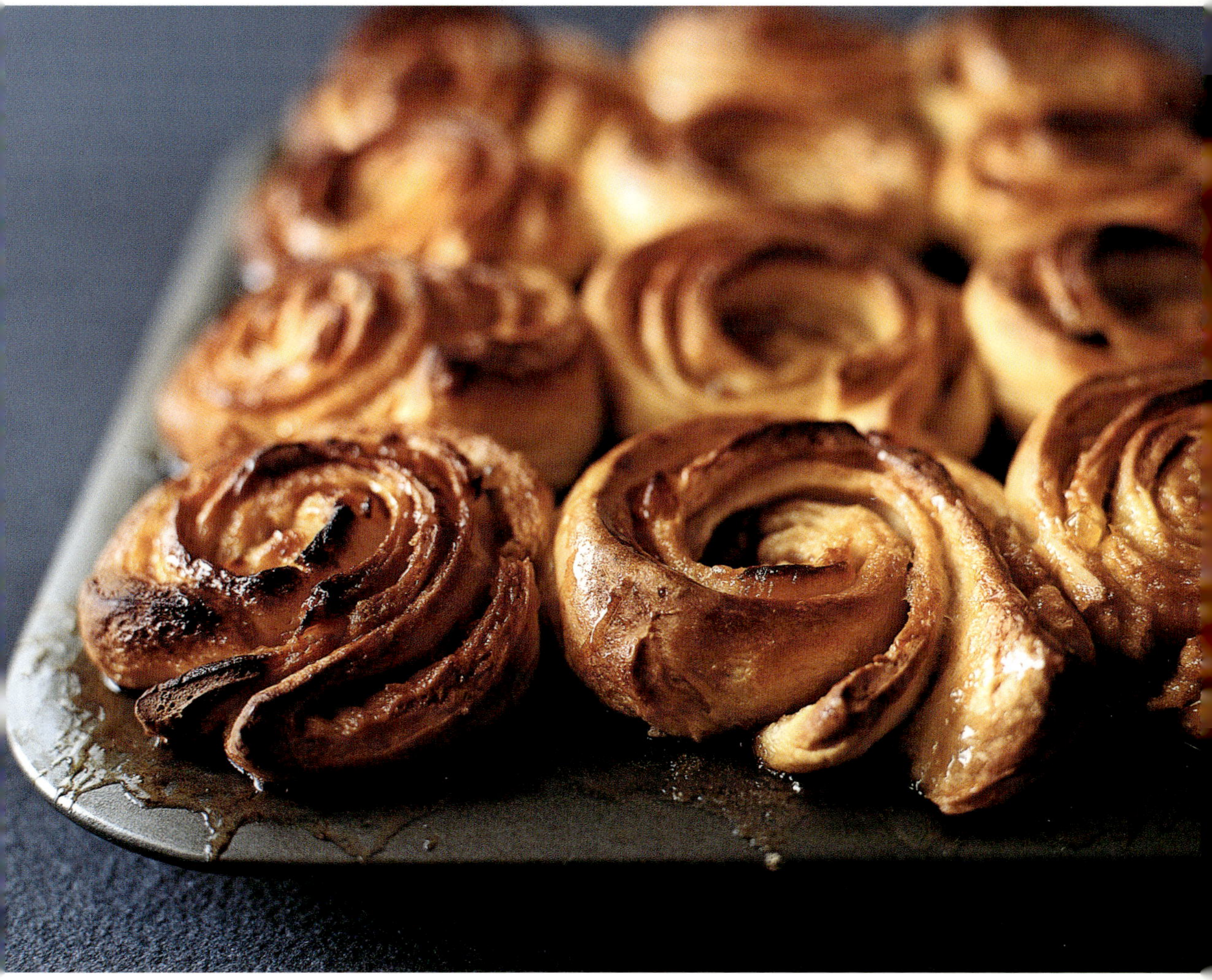

Saftiger Ingwer-Gewürzkuchen

Dieser Kuchen wird echte Ingwer-Fans in Entzücken versetzen, denn er enthält frischen, getrockneten und kandierten Ingwer. Wir haben dieses Rezept mehrfach ausprobiert und verändert, um das perfekte Gleichgewicht zwischen der saftigen Konsistenz des Teigs und den Aromen der Gewürze zu finden.

125 g Butter
75 g dunkler Rüben- oder Demerara-Zucker
125 g Melasse oder Rohzuckersirup
280 g Mehl
2 TL Ingwerpulver
½ TL Zimt
½ TL Natron
½ TL Salz
2 Eier
125 ml fettarmer Naturjoghurt
115 g Ingwernüsse aus dem Glas, gehackt
3 EL Zuckersirup von den Ingwernüssen
2 TL geriebener frischer Ingwer nach Belieben

Den Ofen auf 170 Grad vorheizen und eine quadratische Form (von 20 cm Kantenlänge) mit Backpapier auskleiden. In einem Topf bei niedriger Temperatur die Butter zusammen mit dem Zucker und der Melasse oder dem Zuckersirup schmelzen. Abkühlen lassen.

Mehl, Gewürze, Natron und Salz in eine Schüssel sieben. Die Butter-Zucker-Mischung, Eier, Joghurt, Ingwernüsse und den frischen Ingwer hinzufügen und zu einem glatten Teig verarbeiten. Diesen in die Form füllen und 50 Minuten backen, bis der Teig aufgegangen ist und auf Druck leicht nachgibt. In der Form abkühlen lassen.

Tipp: Das Aroma des Kuchens intensiviert sich, wenn Sie ihn vor dem Verzehr 1–3 Tage in Frischhaltefolie eingepackt durchziehen lassen.

Ergibt einen Kuchen
Zubereitungszeit: 20 Minuten
Backzeit: 50 Minuten + 50 Minuten Abkühlzeit

Ingwer-Zitronen-Kuchen

Klassiker gewinnen nicht unbedingt durch originelle Abwandlungen. Doch in diesem Fall unterstreicht der Ingwer das zitronige Aroma dieses »Evergreens«. Glasiert man den noch heißen Kuchen, wird er damit durchfeuchtet und gewinnt an Saftigkeit; glasiert man ihn nach dem Abkühlen, entsteht eine kristallisierte Zuckerschicht. Auch mit Orangen ist dieser Kuchen köstlich.

225 g feiner Zucker
175 g weiche Butter
3 Eier, verklopft
175 g Mehl
1 TL Ingwerpulver
1 Prise Salz
2 TL geriebener frischer Ingwer
2 Zitronen, abgeriebene Schale und Saft
2 EL Ingwersirup (siehe Seite 14) oder
Zuckersirup von Ingwernüssen

Den Ofen auf 180 Grad vorheizen und eine Kastenform (etwa 1 l Inhalt) mit Backpapier auskleiden. In einer Schüssel 200 g des Zuckers und die Butter schaumig schlagen. Nach und nach die verklopften Eier hinzufügen; nach jeder Portion gründlich weiterschlagen. Mehl, Ingwerpulver und Salz dazusieben und behutsam mit einem Metalllöffel darunterheben. Dann den frischen Ingwer, die Zitronenschale und die Hälfte des Zitronensafts darunterziehen, so dass ein glatter Teig entsteht.

Den Teig in die Form füllen und 35–40 Minuten goldbraun backen. Mit einem Metallstäbchen prüfen, ob der Kuchen gar ist.

Den restlichen Zitronensaft (von 1 Zitrone) mit den restlichen 25 g Zucker und dem Ingwersirup verrühren und den heißen Kuchen damit bestreichen. Vor dem Servieren in der Form auskühlen lassen.

Für einen Kuchen von 1 kg
Zubereitungszeit: 15 Minuten
Backzeit: 35–40 Minuten + 45–50 Minuten Abkühlzeit

Folgende Seiten: Seite 30 Saftiger Ingwer-Gewürzkuchen, Seite 31 Ingwer-Zitronen-Kuchen.

Honig-Ingwer-Kuchen

Dieser Kuchen besticht durch sein feines Aroma. Meine Großmutter pflegte ihn mit essbaren Blüten zu dekorieren.

110 g weiche Butter
60 g feiner Zucker
150 g flüssiger Honig
2 Eier, leicht verklopft
250 g Mehl
2 TL Ingwerpulver
1 EL Zitronen- oder Limettensaft
Puderzucker
essbare Blüten (zum Beispiel Veilchen oder Primeln)

Den Ofen auf 180 Grad vorheizen. Boden und Seitenwände einer Kuchenform (18 cm Durchmesser) mit Backpapier auskleiden oder fetten und mehlen.

Butter, Zucker und Honig schaumig schlagen; nach und nach unter Rühren die Eier hinzufügen. Zum Binden 1 Esslöffel Mehl dazugeben. Das restliche Mehl und das Ingwerpulver dazusieben und mit einem Metalllöffel behutsam darunterheben, so dass ein glatter Teig entsteht. Den Zitronensaft darunterrühren und den Teig in die Form füllen. 40–45 Minuten backen, bis der Kuchen auf Druck leicht nachgibt.

Den Kuchen 5 Minuten abkühlen lassen, dann aus der Form lösen und auf einem Kuchengitter vollständig auskühlen lassen. Mit Puderzucker bestäuben und vor dem Servieren mit essbaren Blüten dekorieren.

Für einen Kuchen
Zubereitungszeit: 10 Minuten
Backzeit: 40–45 Minuten + 40 Minuten Abkühlzeit

Ingwer-Schmalzkringel

Wenn Sie diese Schmalzküchlein vorbereiten möchten, frittieren Sie sie 2–3 Stunden vor dem Servieren, dann abkühlen lassen und luftdicht verschlossen aufbewahren. Kurz vor dem Servieren brauchen Sie sie dann nur noch bei mittlerer Temperatur auf einem Blech im Ofen zu erhitzen und schließlich in Zucker zu wälzen.

450 g Mehl
2 TL Backpulver
¾ TL Salz
1½ TL Ingwerpulver
60 g kandierter Ingwer
200 g feiner Zucker
125 ml fettarmer Naturjoghurt
30 g zerlassene Butter
1 Ei
Öl zum Ausbacken

Mehl, Backpulver, Salz und ½ Teelöffel Ingwerpulver in eine große Schüssel sieben.

Den kandierten Ingwer mit der Hälfte des Zuckers im Mixer sehr fein zerkleinern und diese Mischung in einer Schüssel mit dem Joghurt, der flüssigen Butter und dem Ei verrühren. Die Masse unter die Mehlmischung rühren und alles zu einem glatten Teig verarbeiten. Den Teig auf der bemehlten Arbeitsfläche in zwei gleich große Portionen teilen und beide zu Würsten von je 4 cm Durchmesser rollen. Jede Wurst in 5 Scheiben schneiden, diese jeweils zu Kugeln rollen und in die Mitte jeweils ein Loch stechen. Auf einer bemehlten Unterlage ruhen lassen.

Den Rest des Zuckers (100 g) mit dem restlichen Teelöffel Ingwerpulver vermischen und beiseite stellen.

In eine tiefe Pfanne 10 cm hoch Öl füllen, auf 190 Grad erhitzen und mit einem kleinen Teigstück testen: Dieses sollte in 30 Sekunden knusprig bräunen. Die Schmalzkringel in 3 bis 4 Portionen jeweils 2 Minuten knusprig dunkelbraun ausbacken. Auf Küchenpapier abtropfen lassen, dann im Ingwerzucker wälzen. Heiß servieren.

Für 10 Schmalzkringel
Zubereitungszeit: 15 Minuten
Backzeit: 2 Minuten pro Backofenladung

Ingwer-Cheesecake mit weißer Schokolade

Dieses Rezept gelingt immer. Der herrlich cremige Käsekuchen überzeugt durch seine frische, pikante Ingwernote und das säuerliche Beerenkompott. Zum Servieren kleine Stücke schneiden – er ist sehr gehaltvoll!

Für das Kompott:
400 g gemischte Beeren, geputzt
3 EL Zucker für das Kompott
1 Zitrone, Saft

150 g Ingwerkekse, grob zerkleinert
40 g Butter, geschmolzen
300 g weiße Schokolade, zerkleinert
400 g Frischkäse oder Quark
400 ml Rahm
1 TL Vanilleextrakt
40 g frischer geriebener Ingwer
2 große Eier

Für die Glasur:
55 g feiner Zucker
2 EL Ingwernüsse aus dem Glas, gehackt
1 EL Zuckersirup von den Ingwernüssen

In einem Topf die Beeren mit dem Zucker und der Hälfte des Zitronensafts langsam erhitzen, bis die Flüssigkeit sirupartig eindickt; abkühlen lassen.

Den Ofen auf 160 Grad erhitzen. Den Boden einer Springform mit Backpapier auslegen, die Wände fetten. Die Kekse und die flüssige Butter im Mixer zu einer Krümelmasse zerkleinern und diese gleichmäßig in die Form drücken. Kalt stellen.

Die Schokolade in einer Schüssel über dem Wasserbad zum Schmelzen bringen. Den Frischkäse oder Quark mit der Hälfte des Rahms glatt rühren, Vanilleextrakt, Ingwer und Eier einrühren. Die flüssige Schokolade darunterziehen. Diese Masse auf dem Krümelboden verteilen und glatt streichen. 45–50 Minuten backen, bis sie am Rand fest wird, die Mitte aber noch weich ist. Abkühlen lassen.

Den restlichen Rahm (200 ml) mit dem restlichen Zitronensaft (von ½ Zitrone), dem Zucker, den Ingwernüssen und dem Ingwer-Zuckersirup verrühren. Den Kuchen damit bestreichen und diesen vor dem Servieren mindestens 4 Stunden kalt stellen. Mit dem Beerenkompott servieren.

Für 8 Personen
Zubereitungszeit: 30 Minuten + 4 Stunden Kühlzeit
Backzeit: 45–50 Minuten + 1 Stunde Abkühlzeit

Kürbis-Gewürz-Muffins

Aromatherapie in der Küche:
Schon beim Backen verströmen
diese zarten, leichten Törtchen
mit Ingwer-Frischkäse-Häubchen
einen würzigen Duft. Ideal für
Schlechtwettertage, die nach
etwas Aufmunterung verlangen.

250 g Mehl
2½ TL Ingwerpulver
1½ TL Lebkuchengewürz
2 TL Backpulver
1 TL Natron
1 kleine Prise Salz
3 EL Öl
5 EL Ahornsirup
2 Eier
200 g Püree von gekochtem Kürbis
100 ml fettarmer Naturjoghurt
150 g heller Rüben- oder Demerara-Zucker

Für die Glasur:
300 g Frischkäse
55 g Butter
200 g Puderzucker
1 TL Vanilleextrakt
30 g frischer Ingwer, geschält und fein
gerieben
2 EL Rahm
1 Orange, Schale in feinste Streifen
geschnitten

Den Ofen auf 180 Grad vorheizen und
die 12 Vertiefungen eines Muffinblechs mit
Papierbackförmchen auslegen.

Alle trockenen Zutaten in eine große
Schüssel sieben. In einer zweiten Schüssel das
Öl, den Ahornsirup und die Eier verrühren.
Anschließend Kürbispüree, Joghurt und
Zucker einrühren. Dann die trockenen Zutaten
hinzufügen und alles zu einem glatten Teig
verarbeiten. Den Teig in die Papierbackförmchen verteilen und 25 Minuten backen,
bis die Muffins schön aufgegangen sind und
auf Druck leicht nachgeben. Auf einem
Kuchengitter abkühlen lassen.

Für die Glasur den Frischkäse und die Butter
in einer großen Schüssel schaumig schlagen.
Nach und nach unter Rühren Puderzucker,
Vanilleextrakt, Ingwer und Rahm dazugeben.

Auf jeden Muffin ein Cremehäubchen setzen
und mit etwas Orangenschale dekorieren.

Für 12 Muffins
Zubereitungszeit: 20 Minuten
Backzeit: 25 Minuten + 30 Minuten
Abkühlzeit

Schokoladen-Ingwer-Kuchen

Dieser gehaltvolle Kuchen ohne Mehl ist der perfekte Abschluss eines festlichen Essens. Beim Abkühlen fällt er zwar etwas ein – aber das macht gar nichts! Falls Sie keine Ingwerschokolade finden, verwenden Sie Zartbitterschokolade und 50 g fein gehackte Ingwernüsse.

250 g Zartbitterschokolade mit Ingwer, zerkleinert
150 g Butter, gewürfelt
150 g feiner Rohzucker
5 Eier, getrennt
55 g gemahlene Mandeln
1 TL Backpulver
1 Prise Salz
Kakaopulver
Schlagrahm, Eis oder Crème fraîche
zum Servieren

Den Ofen auf 170 Grad vorheizen. Eine runde Springform von 20 cm Durchmesser bereitstellen.

Die Schokolade und die Butter in einer Schüssel über dem leicht köchelnden Wasserbad schmelzen (geht auch in der Mikrowelle). Die Masse lauwarm abkühlen lassen, dann glatt rühren. Unter Rühren 55 g des Zuckers und 1 Eigelb hinzufügen, glatt rühren und nach und nach unter Rühren die restlichen Eigelbe dazugeben. Dann die gemahlenen Mandeln und das Backpulver darunterheben.

Die Eiweiße mit dem Salz steif schlagen. Unter Rühren den restlichen Zucker (95 g) in Portionen von jeweils 2 Esslöffeln hinzufügen. So lange schlagen, bis der Eischnee sehr steif und glänzend ist. Zuerst einen Esslöffel Eischnee unter die Schokoladenmasse heben, dann den Rest. Den Teig in die Springform füllen und 35–40 Minuten backen. Das Innere des Kuchens soll noch weich sein.

15 Minuten abkühlen lassen, dann aus der Form lösen und vollständig erkalten lassen. Mit Kakaopulver bestäuben und mit Schlagrahm, Eis oder Crème fraîche servieren.

Für 8 Personen
Zubereitungszeit: 20 Minuten
Backzeit: 35–40 Minuten + 50 Minuten Abkühlzeit

Würzige Schokoladen-Soufflés

Diese köstlichen Soufflés lassen sich mit Zartbitter-, Vollmilch- oder weißer Schokolade zubereiten. Das Kumquatkompott passt auch ausgezeichnet zu allen anderen Schokoladendesserts.

Für das Kompott:
110 g feiner Zucker
150 ml Ingwerwein (siehe Seite 8)
4 ganze Gewürznelken
½ Vanilleschote
25 g Ingwer in Zuckersirup (siehe Seite 14), fein gehackt
250 g Kumquats, halbiert, entkernt

115 g Puderzucker:
2 EL Mehl
1 TL Kakaopulver
1 TL Ingwer-Gewürzmischung
(siehe Seite 16)
180 ml Vollmilch
150 g Zartbitterschokolade, zerkleinert
15 g Butter
½ TL Vanilleextrakt
4 Eigelb
5 Eiweiß
1 Prise Salz

Für das Kompott in einem Topf bei niedriger Temperatur den Zucker, den Ingwerwein, die Nelken und 150 ml Wasser erhitzen, bis sich der Zucker aufgelöst hat. Die Vanilleschote längs halbieren, das Mark auskratzen und zusammen mit der Schote in den Topf geben. Zum Kochen bringen und 4 Minuten köcheln lassen. Die Kumquats hinzufügen und weich kochen. Zuletzt den Ingwer dazugeben, abkühlen lassen und bis zum Servieren kühl stellen.

Den Ofen auf 180 Grad vorheizen, dabei ein Blech mit erhitzen. 8 Souffléförmchen (je 150 ml Inhalt) fetten und mit Zucker bestäuben.

60 g des Puderzuckers mit Mehl, Kakaopulver und Ingwer-Gewürzmischung vermischen. Die Milch bis fast zum Kochen bringen und unter Rühren zur Zuckermischung gießen. Dann die Mischung zurück in den Topf geben und unter Rühren 2 Minuten dicklich einkochen lassen. Vom Herd nehmen, Schokolade und Butter, anschließend Vanilleextrakt und Eigelbe einrühren. Abkühlen lassen.

In einer frischen Schüssel die Eiweiße mit dem Salz steif schlagen. Nach und nach unter Rühren den restlichen Puderzucker (55 g) dazugeben. Den Eischnee unter den Teig heben und diesen in die Förmchen verteilen. Diese auf das Blech stellen und 10–12 Minuten backen. Abkühlen lassen. Mit dem Kumquatkompott servieren.

Für 8 Personen
Zubereitungszeit: 30 Minuten
Backzeit: 10–12 Minuten + 50 Minuten Abkühlzeit

Haferflocken-Ingwer-Brownies

Diese dunklen Ingwer-Brownies stammen aus Yorkshire, wo man sie traditionell anlässlich der »Bonfire Night« am Abend des 5. November verzehrt.

115 g Mehl
1 Prise Salz
2 TL Ingwerpulver
½ TL Lebkuchengewürz
250 g Haferschleim
200 g Rohzuckersirup
25 g Melasse
115 g Butter
100 g Rohzucker
1 großes Ei, verklopft
1 EL Milch
30 g Haferflocken

Den Ofen auf 150 Grad vorheizen. Eine quadratische Form (20 cm Kantenlänge) mit Backpapier auskleiden.

Das Mehl in eine große Schüssel sieben, Salz, Ingwerpulver, Gewürzmischung und Haferschleim dazugeben.

Den Zuckersirup mit Melasse, Butter und Zucker bei niedriger Temperatur erhitzen, bis alle Zutaten geschmolzen sind. Nach und nach zur Mehlmischung geben, das Ei und die Milch hinzufügen und alles zu einem glatten Teig verrühren.

Den Teig in die Form füllen, mit den Haferflocken bestreuen und 75–90 Minuten backen, bis der Teig sich so weit gehoben hat, dass er die Ränder der Form überragt. Den Kuchen 30 Minuten abkühlen lassen, dann aus der Form lösen und in Quadrate schneiden.

Für 9 Brownies
Zubereitungszeit: 10 Minuten
Backzeit: 75–90 Minuten + 30 Minuten Abkühlzeit

Birnen-Ingwer-Küchlein

Diese ebenso einfache wie originelle Kombination mag ich sehr. Die kleinen Kuchen werden mit karamellisierten Birnen aus dem Ofen zubereitet. Verwenden Sie Birnen mit Stiel – das sieht besonders attraktiv aus.

Für die Karamellsauce:
55 g brauner Zucker
1 EL Butter
50 ml Ingwersirup (siehe Seite 14 oder Sirup von Ingwernüssen)
75 ml Rahm
1 kleine Prise Salz

6 kleine reife Birnen
6 weiche Karamellbonbons à 10 g
Saft von ½ Zitrone
125 g sehr weiche Butter
150 g heller Rüben- oder Demerara-Zucker
2 Eier, leicht verklopft
1 EL Kakaopulver
½ TL Backpulver
125 g Mehl

Alle Zutaten für die Karamellsauce in einem Topf bei niedriger Temperatur zum Kochen bringen, dann beiseite stellen.

Den Ofen auf 180 Grad vorheizen. 6 Soufflé- oder Auflaufförmchen oder eine Spring- form (20 cm Durchmesser) fetten und den Boden mit Backpapier auslegen.

Die Birnen schälen, die Stiele dabei nicht entfernen. Unten jeweils eine Scheibe abschneiden, das Kerngehäuse ausstechen, an seiner Stelle jeweils ein Karamellbonbon hineinstecken und die Birnen wieder auf die abgeschnittene Bodenscheibe setzen. Die Birnen mit Zitronensaft bestreichen, damit sie nicht braun werden.

Die Butter mit der Hälfte des Zuckers schaumig schlagen. Nach und nach unter Rühren die verklopften Eier hinzufügen, dann Kakaopulver, Backpulver und Mehl dazu- sieben. Alles zu einem glatten Teig verrühren. Den Teig in die Formen verteilen, jeweils eine Birne hineinsetzen. (Bei einer großen Form die Birnen im Kreis anordnen.) Mit dem restlichen Zucker bestreuen und kleine Formen 25–30 Minuten, eine große Form 40 Minuten backen, bis der Teig aufgegangen ist. 5 Minuten abkühlen lassen, dann mit einem spitzen Messer den Teig rundherum von der Form lösen. Nochmals 10 Minuten abkühlen lassen, dann lauwarm mit der Karamellsauce servieren.

Für 6 Personen
Zubereitungszeit: 20 Minuten
Backzeit: 25–30 Minuten + 15 Minuten Abkühlzeit

Folgende Seiten: Seite 46 Haferflocken-Ingwer-Brownies, Seite 47 Birnen-Ingwer-Küchlein.

Glasierte Karotten-Ingwer-Küchlein

Die Mascarpone-Karamell-Glasur ersetzt auf originelle Weise den Frischkäse-Überzug. So werden die kleinen Kuchen zu einem exzellenten Dessert oder zu einer süßen Begleitung zum Kaffee.

120 g Mehl
½ TL Backpulver
½ TL Natron
1 Prise Salz
1 TL Zimtpulver
1 TL Ingwerpulver
175 g heller Rüben- oder Demerara-Zucker
140 ml Öl (z.B. Olivenöl)
2 Eier
100 g fein geriebene Karotten
55 g gehackte Nüsse nach Belieben
3 Ingwernüsse, fein gehackt
2 EL Zuckersirup von den Ingwernüssen

Für die Glasur:
100 g feiner Zucker
4 EL Mascarpone

Den Ofen auf 180 Grad vorheizen. 12 Dariole- oder Mini-Gugelhupfformen oder 1 Silikonform mit 12 Vertiefungen fetten und dünn mit Mehl bestäuben.

Mehl, Backpulver, Natron, Salz und Gewürze in eine große Schüssel sieben. In einer zweiten Schüssel Zucker, Öl und Eier verrühren. Dann die fein geriebenen Karotten, die Nüsse, die gehackten Ingwernüsse und den Ingwersirup einrühren. Zu den trockenen Zutaten geben und vorsichtig darunterheben. Den Teig in die Formen verteilen und 20–25 Minuten backen, bis die Küchlein aufgegangen sind und auf Druck leicht nachgeben. 5 Minuten abkühlen lassen, dann aus den Formen lösen und auf einem Kuchengitter vollständig erkalten lassen.

Für die Glasur den Zucker mit 2 Esslöffeln Wasser in einem Topf bei niedriger Temperatur erhitzen, bis sich der Zucker aufgelöst hat. Dann bei höherer Temperatur aufkochen lassen, bis der Sirup karamellisiert. Vom Herd nehmen und nochmals 2 Esslöffel Wasser einrühren. Dann den Mascarpone darunterrühren, so dass eine cremige Masse entsteht. Abkühlen lassen und über die Küchlein verteilen.

Ergibt 12 Stück
Zubereitungszeit: 20 Minuten
Backzeit: 20–25 Minuten + 40 Minuten Abkühlzeit

Tartes, Kekse und
Brownies

Ingwer-Nuss-Karamell

Gebrochen oder zerbröselt bereichern diese Nüsse viele Desserts. Auch allein sind sie eine Gaumenfreude. Lassen Sie sie abkühlen, bevor Sie sie weiterverarbeiten.

100 g grob gehackte Nüsse
1 TL Ingwerpulver
100 g feiner Zucker

Den Ofen auf 180 Grad vorheizen.

Die gehackten Nüsse auf einem mit Backpapier, Silikonmatte oder einem leicht gefetteten Stück Alufolie ausgelegten Blech verteilen und 8–10 Minuten im Ofen goldbraun rösten. Herausnehmen und mit dem Ingwerpulver bestreuen.

Den Zucker mit 50 ml Wasser in einem Topf bei niedriger Temperatur auflösen. Dann bei höherer Temperatur zum Kochen bringen und unter gelegentlichem Schwenken des Topfes karamellisieren lassen. Das heiße Karamell über die Nüsse geben und erkalten lassen. Dann das Karamell mit einem Teigroller in Stücke brechen.

Hält sich in einer Keksdose bis zu zwei Wochen.

Ergibt 175 g
Zubereitungszeit: 5 Minuten
Kochzeit: 8–10 Minuten + 30 Minuten Abkühlzeit

Ingwer-Tuiles

Die Teigblätter werden heiß in Form gebracht. Sie sind ein perfekter Begleiter zu Ingwereis oder anderen Süßspeisen und Desserts. Sie können nach dem Abkühlen auch mit Schlagrahm gefüllt werden. Genießen Sie sie, so lange sie noch knuprig sind.

50 g Butter
40 g Glukosesirup
90 g feiner Zucker
40 g Mehl
1 TL Ingwerpulver

Den Ofen auf 180 Grad vorheizen. Zwei Bleche mit Backpapier auslegen.

In einem Topf bei niedriger Temperatur unter Rühren die Butter mit dem Glukosesirup zum Schmelzen bringen. Den Topf vom Herd nehmen und die restlichen Zutaten einrühren. 20 Minuten kalt stellen.

Die Masse portionenweise zu nussgroßen Kugeln formen und diese mit viel Abstand voneinander auf die Bleche setzen. Mit einer Lage Backpapier abdecken und die Kugeln mit einem Teigroller sehr dünn flach drücken. 5–6 Minuten goldbraun backen. Aus dem Ofen nehmen und in heißem Zustand um den Stiel eines Holzkochlöffels herum einrollen; Sie können sie aber auch flach lassen.

Ergibt 8–10 Röllchen
Zubereitungszeit: 10 Minuten + 20 Minuten Kühlzeit
Backzeit: 5–6 Minuten + 20 Minuten Abkühlzeit

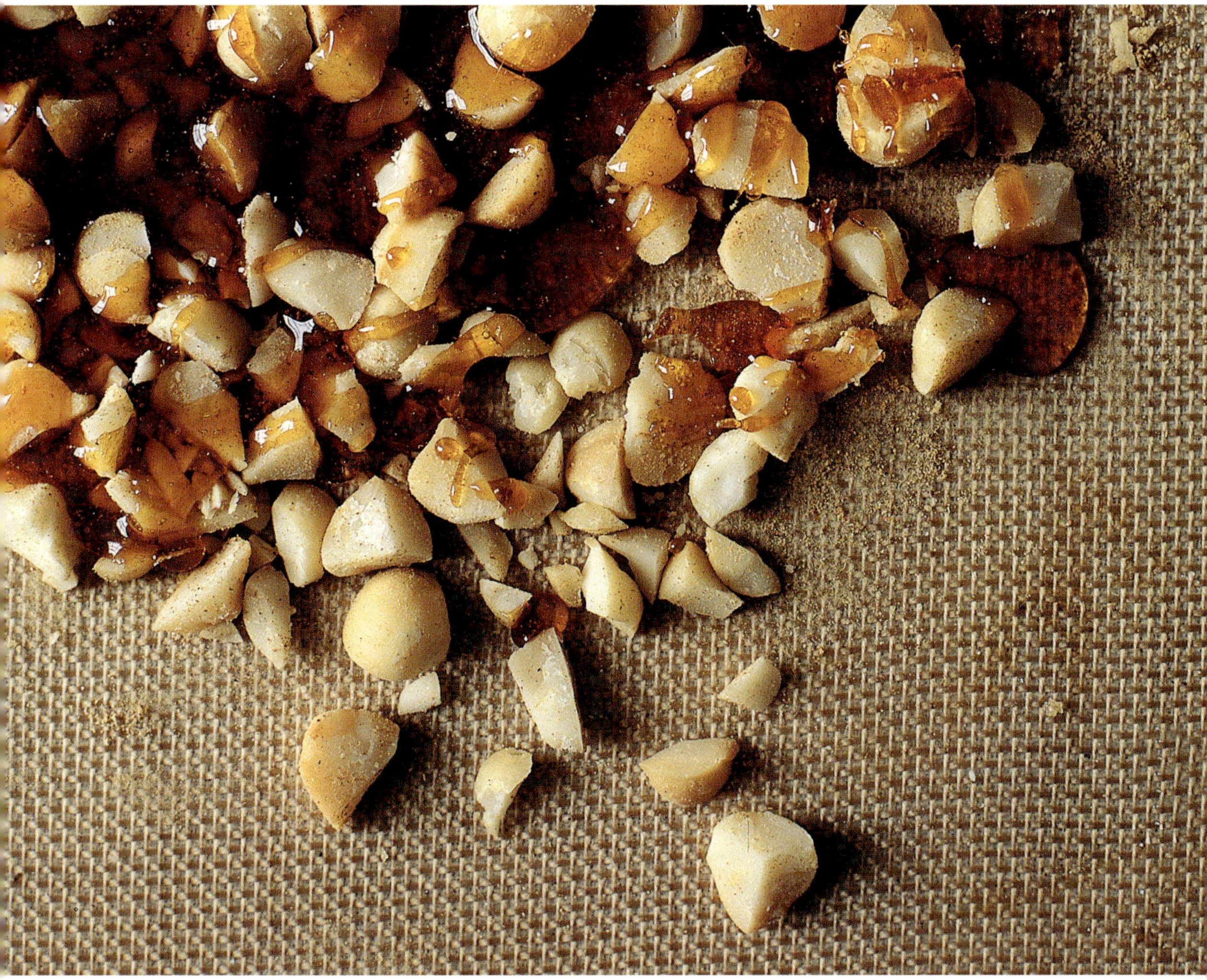

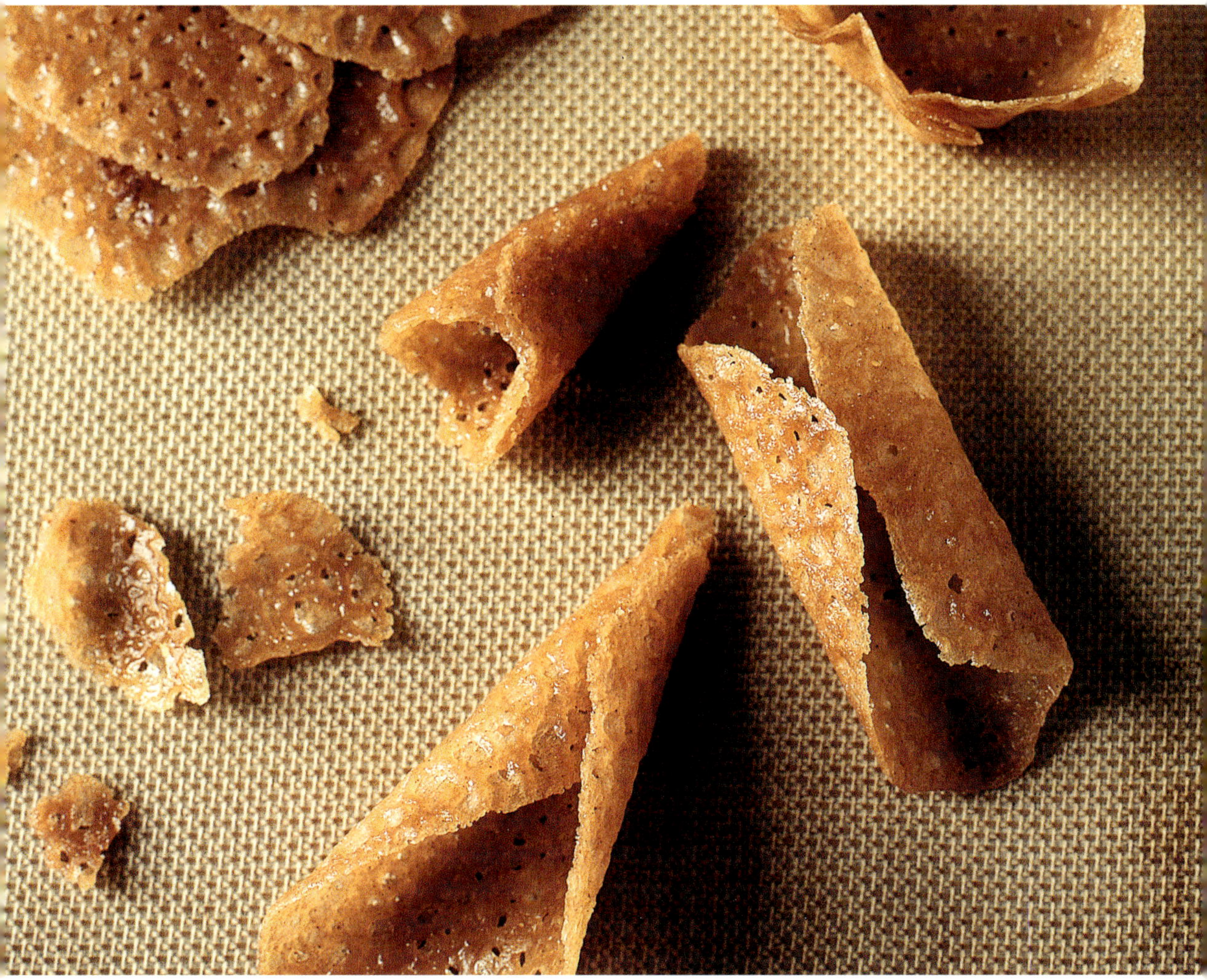

Ingwer-Sablés

Meine Großmutter hatte sich dieses Rezept auf die Rückseite einer Postkarte notiert. Sie backte wunderbare Kuchen und vor allem köstliche Kekse. Dieses Rezept ist eines ihrer besten.

115 g weiche Butter
55 g feiner Zucker, etwas Zucker zusätzlich zum Bestreuen
180 g Mehl
1 Prise Ingwerpulver
55 g kandierter Ingwer, fein gehackt

Den Ofen auf 160 Grad vorheizen.
Ein großes Blech mit Backpapier auslegen.

Butter und Zucker in einer großen Schüssel schaumig schlagen. Nach und nach Mehl und Ingwerpulver dazugeben, alles zu einem glatten Teig verarbeiten und zu einer Kugel rollen. Den Teig halbieren und auf einer dünn mit Mehl bestäubten Arbeitsfläche jeweils zu einem Kreis von etwas mehr als 15 cm Durchmesser ausrollen; mit Hilfe einer entsprechend großen Kuchenform oder eines Tellers in eine gleichmäßig runde Form bringen. Die beiden Teigplatten auf ein Backblech setzen, jeweils in der Mitte einen Teigkreis von 3 cm Durchmesser ausstechen und herausnehmen. Rundherum die Teigränder wellenförmig schneiden und die Teigoberfläche mit einer Gabel mehrfach einstechen. Dann jeden Kreis sechsteln. 20 Minuten backen, bis die Ränder leicht zu bräunen beginnen. 5 Minuten auf dem Blech abkühlen lassen, dann auf ein Kuchengitter heben, mit Zucker bestreuen und vollständig erkalten lassen.

Ergibt 12 Stück
Zubereitungszeit: 20 Minuten
Backzeit: 20 Minuten + 20 Minuten Abkühlzeit

Lebkuchenmänner

»Du bist schnell gerannt,
so schnell du konntest,
aber du kannst mich nicht fangen,
denn ich bin ein Lebkuchen-
mann.«

Natürlich müssen es nicht Männer
sein – Katzen oder Bärchen sind
genau so süß!

5 EL Rohzuckersirup oder Melasse
125 g dunkler Rüben- oder Demerara-Zucker
160 g weiche Butter
1 TL Vanilleextrakt
420 g Mehl
1½ TL Natron
2½ TL Ingwerpulver
fertiger Zuckerguss zum Dekorieren

Den Ofen auf 170 Grad vorheizen und zwei
große Bleche mit Backpapier auslegen.

In einem Topf bei niedriger Temperatur
unter Rühren Sirup oder Melasse, Zucker und
Butter zum Schmelzen bringen. 10 Minuten
abkühlen lassen, dann den Vanilleextrakt einrühren.

Das Mehl mit Natron und Ingwerpulver
in eine Schüssel sieben, dann die Sirup-Butter-
Mischung einrühren und alles zu einem
glatten Teig verarbeiten. Diesen auf einer
bemehlten Arbeitsfläche schnell durchkneten
und ½ cm dünn ausrollen. Mit einem Ausstecher Formen ausstechen und diese mit
einigem Abstand auf die Bleche setzen.
8–10 Minuten goldbraun backen, falls nötig
in mehreren Durchgängen nacheinander.
5 Minuten auf dem Blech abkühlen und fest
werden lassen, dann auf Kuchengitter
heben und vollständig erkalten lassen. Mit
Zuckerguss verzieren.

Luftdicht verschlossen aufbewahrt halten sich
die Lebkuchen bis zu zwei Wochen.

Ergibt etwa 30 Stück
Zubereitungszeit: 15 Minuten pro
Backofenladung
Backzeit: 8–10 Minuten pro Backofenladung
+ 50 Minuten Abkühlzeit

Ingwerbiskuits

Wenn Sie dieses Rezept ausprobiert haben, werden Sie sich fragen, wie Sie bisher Ingwerkekse kaufen konnten, statt sie selbst zu backen.

220 g brauner Zucker
150 ml Öl
4 EL Rohzuckersirup
1 Ei
250 g Mehl
1½ TL Natron
1 reichliche Prise Salz
1½ TL Ingwer-Gewürzmischung
(siehe Seite 16)
feiner Zucker zum Wälzen

Den Ofen auf 180 Grad vorheizen. Mehrere Bleche mit Backpapier auslegen.

Zucker, Öl, Rohzuckersirup und das Ei in einer großen Schüssel verrühren. Mehl, Natron, Salz und Gewürzmischung hinzufügen und alles zu einem glatten Teig verarbeiten. Den Teig zu nussgroßen Kugeln rollen und diese in Zucker wälzen. Die Kugeln mit reichlich Abstand auf die Bleche setzen und 10 Minuten backen, bis sie sich goldbraun färben und sich Risse im Teig bilden. 3 Minuten auf den Blechen abkühlen lassen, dann auf Kuchengitter heben und vollständig erkalten lassen.

Luftdicht verschlossen halten sie sich bis zu einer Woche.

Ergibt 36 Biskuits
Zubereitungszeit: 10 Minuten
Backzeit: 10 Minuten + 20 Minuten Abkühlzeitt

Ingwer-Cookies

Dieses amerikanische Rezept garantiert köstliche Cookies, die außen herrlich knusprig und innen zart schmelzend sind.

700 g Mehl
2 EL Kakaopulver
2½ TL Ingwerpulver
2 TL Zimtpulver
½ TL Gewürzmischung
225 g weiche Butter
225 g dunkler Rüben- oder Demerara-Zucker
1 EL frischer Ingwer, geschält, fein gerieben
150 g Melasse oder Rohzuckersirup
2 EL Natron, in 1 EL kochendem Wasser aufgelöst
75 g grober Zucker

Den Ofen auf 160 Grad vorheizen und zwei große Bleche mit Backpapier auslegen.

Mehl, Kakaopulver und die Gewürze in eine Schüssel sieben. Die Butter mit dem Zucker schaumig schlagen, dann Ingwer und Melasse einrühren. Unter Rühren die Mehlmischung hinzufügen und alles zu einem glatten Teig verarbeiten. Diesen zu einer Kugel formen und flach drücken. 10 Minuten kalt stellen.

Aus dem Teig 3 cm große Kugeln formen, diese im groben Zucker wälzen und auf die Backbleche setzen. 10–12 Minuten backen, 5 Minuten auf dem Blech abkühlen lassen und dann auf Kuchengittern vollständig erkalten lassen.

Ergibt 36 Kekse
Zubereitungszeit: 10 Minuten + 10 Minuten Kühlzeit
Backzeit: 10–12 Minuten + 20 Minuten Abkühlzeit

Ingwer-Macarons

Bieten Sie Ihren Gästen diese köstlichen Macarons an – alle werden sie lieben.

Für die Füllung:
75 g weiche Butter
75 g Honig
75 g brauner Puderzucker
2 Ingwernüsse, fein gehackt

Für die Macarons:
175 g Mehl
½ TL Natron
1½ TL Ingwerpulver
½ TL Zimtpulver
60 g Butter
60 g heller Rüben- oder Demerara-Zucker
100 g Rohzuckersirup

Für die Füllung Butter, Honig und Puderzucker schaumig schlagen. Unter Rühren den Ingwer hinzufügen.

Für die Macarons Mehl, Natron und Gewürze vermischen. Die Butter mit Zucker und Rohzuckersirup in einem Topf zum Schmelzen bringen. Zur Mehlmischung geben und alles zu einem glatten Teig verarbeiten. 20 Minuten kalt stellen.

Den Ofen auf 180 Grad vorheizen. Ein Blech mit Backpapier auslegen.

Jeweils ½ Teelöffel Teig zu Kugeln formen und diese auf das Blech setzen. In mehreren Durchgängen nacheinander jeweils 9–12 Minuten backen. 5 Minuten auf dem Blech abkühlen lassen, dann auf Kuchengittern vollständig erkalten lassen. Jeweils zwei Stück mit der Honig-Ingwer-Creme füllen.

Ergibt 15–20 Stück
Zubereitungszeit: 15 Minuten + 20 Minuten Kühlzeit
Backzeit: 9–12 Minuten pro Ofenfüllung + 20 Minuten Abkühlzeit

Pflaumen-Ingwer-Tarte

Süße, reife Pflaumen und die pikante Würze des Ingwers verbinden sich in diesem Rezept aufs Köstlichste.

90 g feiner Rohzucker
50 g Butter
3 EL Ingwersirup (siehe Seite 16)
etwa 18 Pflaumen, halbiert, entsteint
3 eingelegte Ingwernüsse, fein gehackt
1 Portion Ingwer-Mürbeteig (siehe Seite 20) oder 200 g Mürbeteig

Den Ofen auf 180 Grad vorheizen.

In einer Tarte- oder Kuchenform oder in einer ofenfesten Pfanne (ca. 25 cm Durchmesser) den Zucker zum Schmelzen bringen. Die Temperatur erhöhen und den flüssigen Zucker

aufkochen, bis er sich braun färbt. Dann die Butter in Flöckchen darauf verteilen, den Ingwersirup darüberträufeln und mit den gehackten Ingwernüssen bestreuen. Vom Herd nehmen und die halbierten Pflaumen mit der Schnittseite nach oben auf das Karamell legen.

Den Teig zu einem Kreis ausrollen, dessen Durchmesser 2 cm mehr misst als die Form oder Pfanne. Die Teigplatte auf die Pflaumen legen und festdrücken, so dass sich mögliche Zwischenräume schließen. 30 Minuten backen, bis sich der Teig goldbraun färbt und das Karamell Blasen wirft. 10 Minuten abkühlen lassen, dann auf einen großen Teller stürzen.

Für 6–8 Personen
Zubereitungszeit: 15 Minuten
Gar- und Backzeit: 40 Minuten + 10 Minuten Abkühlzeit

Folgende Seite: Pflaumen-Ingwer-Tarte.

Ingwer-Quitten mit Pistazien-Biscotti

Die zwei Hauptbestandteile dieses Desserts lassen sich gut im Voraus zubereiten. Die Biscotti sind in einer luftdichten Dose mindestens 2 Wochen haltbar, und die Quitten lassen sich im Kühlschrank gut 2 Tage aufbewahren. Dann bei niedriger Temperatur erwärmen.

Für die Quitten:
3 große oder 6 kleine Quitten
125 ml Ingwerwein (siehe Seite 8)
30 g Butter
5 EL Honig

Für die Pistazien-Ingwer-Biscotti:
250 g Mehl
175 g feiner Rohzucker
2 TL Backpulver
1 TL Ingwerpulver
3 Eier, leicht verklopft
55 g Ingwernüsse, abgetropft, gehackt
55 g kandierte Kirschen, gehackt
150 g geschälte Pistazien, gehackt
1 Zitrone, abgeriebene Schale

Den Ofen auf 170 Grad vorheizen.

Die Quitten halbieren und das Kerngehäuse herausschneiden, dann mit der Schnittfläche nach oben in eine Tarte- oder Kuchenform legen und mit dem Ingwerwein beträufeln, mit Butterflöckchen belegen und mit Honig beträufeln. Mit Alufolie bedecken und 2 Stunden im Ofen garen, bis sie weich und leuchtend rosa sind.

Für die Biscotti den Ofen auf 180 Grad vorheizen. Ein Blech mit Backpapier auslegen.

Mehl, Zucker, Backpulver und Ingwerpulver in einer großen Schüssel vermischen. Nach und nach die Eier darunterrühren und alles zu einem glatten Teig verarbeiten (vielleicht benötigen Sie dazu nicht alle Eier). Dann Ingwernüsse, Kirschen, Pistazien und Zitronenschale einrühren.

Den Teig in drei gleich große Portionen teilen und jeweils zu einer Wurst rollen. Diese auf das Blech setzen, leicht flach drücken, mit etwas Milch bestreichen und 20–25 Minuten goldbraun backen. Das Blech aus dem Ofen nehmen und das Gebäck 10 Minuten auskühlen lassen, dann schräg in ½ cm dicke Scheiben schneiden.

Inzwischen die Ofentemperatur auf 150 Grad reduzieren. Die Biscotti weitere 20 Minuten backen; dabei einmal wenden, so dass sie rundum knusprig und goldbraun werden. Kalt mit den lauwarmen Quitten servieren.

Ergibt 30 Biscotti
Zubereitungszeit: 20 Minuten
Koch- und Backzeit: 2 Stunden 45 Minuten
+ 30 Minuten Abkühlzeit

Pochierte Ingwerpfirsiche mit Gewürz-Madeleines

Als ich als romantischer Teenager »Auf der Suche nach der verlorenen Zeit« las, hat mir der Abschnitt über die Madeleine besonders gut gefallen. Mit weißen Pfirsichen ist dieses Dessert noch köstlicher – geradezu göttlich!

70 g feiner Zucker
½ TL Ingwerpulver
½ TL Gewürzmischung
2 Eier
1 Prise Salz
60 g Mehl
50 g Butter, geschmolzen
½ TL Zimt zum Bestreuen

Für die Pfirsiche:
6 reife, aber noch feste Pfirsiche
300 g Puderzucker
45 g frischer Ingwer, in Scheiben geschnitten
1 Vanilleschote, längs halbiert, nach Belieben

Den Ofen auf 200 Grad vorheizen und eine Madeleine-Form oder ein Petits-fours-Blech fetten.

50 g des Zuckers, die Gewürze, die Eier und das Salz schaumig schlagen; das Mehl dazusieben und die flüssige Butter einrühren. Den Teig in die Förmchen füllen und in mehreren Durchgängen nacheinander jeweils 5–6 Minuten backen, bis sich die Madeleines hellbraun färben.

Die restlichen 20 g Zucker mit dem Zimt vermischen. Die Madeleines jeweils aus der Form nehmen, auf ein Kuchengitter setzen und mit dem Zimtzucker bestreuen.

Für die Pfirsiche in einem weiten Topf, in dem alle Pfirsiche nebeneinander Platz haben, Puderzucker, Ingwer und Vanilleschote mit 600 ml Wasser unter Rühren langsam zum Kochen bringen und 10 Minuten köcheln lassen.

Die Pfirsiche mit einem spitzen Messer unten kreuzweise einritzen und in den köchelnden Sirup setzen. Unter gelegentlichem Wenden 10 Minuten dämpfen, bis sie weich sind, dann mit einem Schaumlöffel aus dem Topf nehmen und 1 Minute abkühlen lassen. Die Haut abziehen, die Früchte zurück in den Sirup geben und darin erkalten lassen. Mit den Madeleines servieren.

Für 36 kleine Madeleines
Zubereitungszeit: 20 Minuten
Back- und Kochzeit: 5–6 Minuten pro Ofenladung Madeleines + 20 Minuten für die Pfirsiche + 50 Minuten Abkühlzeit

Apfelkuchen

Das Rezept für den Krümelboden, der die Basis dieser Apfeltarte bildet, hat meine Mutter vor vielen Jahren in einer Zeitschrift gefunden. Wie bei vielen anderen Desserts auch sorgt der Ingwer für das gewisse Etwas. Sie können diese Tarte viele Stunden im Voraus zubereiten, denn der Teig wird beim Erkalten fest. Die Tarte hält sich im Kühlschrank einige Tage; doch am besten serviert man sie bei Zimmertemperatur.

110 g Mehl
2 TL Ingwerpulver
1 Prise Salz
55 g kalte Butter, klein gewürfelt
55 g Löffelbiskuits oder Ingwerkekse
90 g feiner Rohzucker
4–5 Äpfel (800 g)
½ TL Zimt
40 g Butter, geschmolzen
Rahm oder Eis

Den Ofen auf 190 Grad vorheizen. Eine Tarte- oder Kuchenform mit herausnehmbarem Boden fetten und mehlen; überschüssiges Mehl abklopfen.

Das Mehl mit 1 Teelöffel Ingwerpulver und dem Salz in einer Schüssel vermischen. Die Butter hinzufügen und mit den Fingern zu einem krümeligen Teig verarbeiten. Die zerbröselten Kekse hinzufügen und unter Rühren 55 g des Zuckers dazugeben. Dann die Bröselmasse in die Form drücken.

Die Äpfel schälen, vierteln, vom Kerngehäuse befreien und in feine Scheiben schneiden. Diese fächerförmig dicht an dicht auf dem Krümelboden verteilen.

Den restlichen Zucker (35 g), den restlichen Teelöffel Ingwerpulver und den Zimt vermischen. Die flüssige Butter auf dem Kuchen verteilen, mit einem Pinsel gleichmäßig verstreichen und mit der Zuckermischung bestreuen. Den Kuchen auf der obersten Schiene 35–40 Minuten backen, bis die Oberfläche karamellisiert.

1 Stunde abkühlen lassen, dann aus der Form nehmen und bei Zimmertemperatur mit Schlagrahm oder Eis servieren.

Für 8 Personen
Zubereitungszeit: 25 Minuten
Backzeit: 35–40 Minuten + 1 Stunde Abkühlzeit

Ingwer-Scones mit karamellisierten Aprikosen

Diese Scones überzeugen durch ihr subtiles Ingweraroma. Ein köstliches Dessert – besonders dann, wenn man zu den Scones Schlagrahm und karamellisierte Aprikosen reicht.

Für die Aprikosen:
110 g feiner Zucker
90 ml Ingwerwein (siehe Seite 8)
1 Vanilleschote, aufgeschlitzt
1 kg frische Aprikosen, halbiert, entsteint
Crème fraîche oder Schlagrahm

Für die Scones:
450 g Mehl
1 EL Backpulver
½ TL Gewürzmischung
1 TL Ingwerpulver
1 Prise Salz
75 g heller Rüben- oder Demerara-Zucker
75 g kalte Butter, gewürfelt
1 Ei
60 ml kalte Milch
100 g Rosinen nach Belieben
1 Eigelb und 2 EL Milch zum Bestreichen

Für die karamellisierten Aprikosen den Zucker mit 2 Esslöffeln Wasser in einem Topf aufkochen, bis ein braunes Karamell entsteht. Die Temperatur reduzieren und Ingwerwein, Vanilleschote sowie 50 ml Wasser dazugeben. Dann die Aprikosen mit der Schnittfläche nach unten hineinlegen und je nach Reifegrad 5–10 Minuten köcheln lassen. Abkühlen lassen.

Den Ofen auf 190 Grad vorheizen. Ein Backblech mit Backpapier auslegen.

Mehl, Backpulver und Gewürze in eine große Schüssel sieben. Salz, Zucker und Butter hinzufügen und alles mit den Fingern zu einem krümeligen Teig verarbeiten. Anschließend das Ei und so viel Milch einarbeiten, dass ein glatter, geschmeidiger Teig entsteht.

Den Teig kräftig durchkneten, dann die Rosinen darunterkneten. Den Teig 3 cm dick ausrollen. Mit einem runden Ausstecher (7 cm Durchmesser) Teigkreise ausstechen und diese auf das Blech setzen. Die Teigreste verkneten, erneut ausrollen und weitere Kreise ausstechen.

Das Eigelb mit 2 Esslöffeln Milch verrühren und damit die Scones bestreichen. Dann 20 Minuten backen, bis die Scones schön aufgegangen und goldbraun sind. Die Scones quer halbieren, einen Klecks Crème fraîche oder Schlagrahm hineingeben und mit den karamellisierten Aprikosen servieren.

Ergibt etwa 10 Scones
Zubereitungszeit: 25 Minuten
Koch- und Backzeit: 25–30 Minuten
+ 30 Minuten Abkühlzeit

Gewürztarte mit Armagnac-Pflaumen und Jasmincreme

Dies ist eine Variante der klassischen Tarte mit Mandelcreme. Das subtile Gewürzaroma verbindet sich mit dem der Armagnac-Pflaumen zu einem komplexen Geschmackserlebnis.

50 ml Armagnac
50 ml heißer Jasmintee
175 g weiche, saftige Backpflaumen
1½ Portionen Ingwer-Mürbeteig
(siehe Seite 20)
90 g weiche Butter
90 g heller Rüben- oder Demerara-Zucker
2 TL Ingwer-Gewürzmischung
(siehe Seite 16)
2 Eier, verklopft
75 g gemahlene Mandeln
2 EL Mehl
30 g kandierter Ingwer, gehackt
1 TL Vanilleextrakt

55 g Puderzucker

Für die Jasmincreme:
225 ml Rahm
1 EL Jasminblätter oder 1 Teebeutel Jasmintee
1 EL Puderzucker

Armagnac und Jasmintee in einer Schüssel mischen und die Backpflaumen darin einweichen. Für die Jasmincreme den Rahm mit den Teeblättern vermischen. Beides abgedeckt über Nacht im Kühlschrank oder bei Raumtemperatur 2–3 Stunden ziehen lassen.

Den Ofen auf 190 Grad vorheizen; dabei ein Backblech miterhitzen. Eine rechteckige Kuchenform (20 x 30 cm) oder zwei lange rechteckige Formen von 10 cm Breite mit dem Ingwer-Mürbeteig auskleiden.

Die Butter mit dem Zucker und der Gewürzmischung schaumig schlagen. Nach und nach die verklopften Eier, dann Mandeln, Mehl, Ingwer und Vanille einrühren. Die Mischung auf dem Mürbeteigboden verstreichen. Die eingeweichten Backpflaumen abtropfen lassen (dabei den Saft auffangen) und in die Creme auf den Teigboden drücken. 40 Minuten backen, bis sich die Tarte goldbraun färbt und der Belag fest ist. Auf einem Kuchengitter abkühlen lassen.

In einem Topf bei niedriger Temperatur den aufgefangenen Backpflaumensud mit dem Puderzucker erhitzen, bis sich dieser aufgelöst hat. Dann den Sirup bei höherer Temperatur 5 Minuten köcheln lassen. Den Sirup auf der Tarte verteilen. Die Tarte aus der Form nehmen. Den Rahm durch ein feines Sieb gießen und mit dem Puderzucker steif schlagen. Zur Tarte servieren.

Für 8–10 Personen
Zubereitungszeit: 20 Minuten + 8 Stunden im Kühlschrank (oder 2–3 Stunden bei Raumtemperatur)
Koch- und Backzeit: 45 Minuten + 40 Minuten Abkühlzeit

Brownies mit weißer Schokolade und kandiertem Ingwer

Diese Brownies sind die perfekte Wahl für »Ingwer-Einsteiger«. Die süße weiße Schokolade verbindet sich aufs Köstlichste mit dem leicht pikanten Aroma des kandierten Ingwers.

400 g weiße Schokolade, grob gehackt
75 g Butter
3 Eier
75 g heller Rüben- oder Demerara-Zucker
2 TL Vanilleextrakt
75 g kandierter Ingwer, gehackt
1 TL frischer Ingwer, fein gerieben, nach Belieben
200 g Mehl
1 Prise Salz

Den Ofen auf 190 Grad vorheizen. Ein Kuchenblech (20 x 30 cm) mit Backpapier auskleiden.

120 g der weißen Schokolade beiseite stellen, den Rest (280 g) zusammen mit der Butter im Wasserbad zum Schmelzen bringen, durchrühren und die Schüssel vom Wasserbad nehmen. Unter Rühren Eier, Zucker, Vanilleextrakt, den kandierten und den frischen Ingwer, Mehl, Salz und die restliche Schokolade hinzufügen.

Den Teig in die Form füllen und glatt streichen. 20 Minuten goldbraun backen. Der Teig sollte innen noch weich sein – das macht die Brownies erst so richtig schön saftig. In der Form abkühlen lassen, anschließend in 12 oder 16 Rechtecke schneiden. Kalt oder warm servieren.

Ergibt 16 kleine oder 12 große Brownies
Zubereitungszeit: 15 Minuten
Backzeit: 20 Minuten + 20 Minuten Abkühlzeit

Schoko-Ingwer-Brownies mit Macadamianüssen

Ingwerschokolade und Macadamianüsse machen aus diesen aromatischen, saftigen Brownies eine wahre Delikatesse.

175 g Butter, grob gewürfelt
115 g Zartbitterschokolade, gehackt
300 g dunkler Rüben- oder Demerara-Zucker
2 Eier
2 TL Vanilleextrakt
1 Prise Salz
100 g Mehl
2 EL Kakaopulver, gesiebt
100 g Macadamianüsse, grob gehackt
150 g Zartbitterschokolade mit Ingwer, zerkleinert

Den Ofen auf 190 Grad vorheizen und eine quadratische Form (20 x 20 cm) mit Backpapier auskleiden.

In einem Topf bei niedriger Temperatur Butter, Zartbitterschokolade und Zucker unter Rühren zum Schmelzen bringen. Vom Herd nehmen und etwas abkühlen lassen. Nach und nach die Eier darunterrühren, dann Vanilleextrakt, Salz, Mehl und Kakaopulver einrühren. Rasch die Macadamianüsse und die Ingwer-Schokolade daruntermischen und den Teig in die Form füllen.

Etwa 30 Minuten backen, bis der Kuchen auf Fingerdruck leicht nachgibt, aber innen noch schön weich ist. In der Form abkühlen lassen. Dann in 16 Quadrate schneiden. Kalt oder warm servieren.

Ergibt 16 Brownies
Zubereitungszeit: 10 Minuten
Backzeit: 30 Minuten + 20 Minuten Abkühlzeit

Lebkuchenhaus

Dieses Lebkuchenhaus ist gar nicht schwer herzustellen – und Kinder lieben es, beim Verzieren zu helfen. Verwenden Sie Einweg-Spritzbeutel. Oder kaufen Sie eine Tube bereits küchenfertige Zuckerglasur – die gibt's im Set mit unterschiedlichen Spritztüllen.

550 g Mehl
1 TL Backpulver
2 TL Ingwerpulver
1 TL Ingwer-Gewürzmischung
(siehe Seite 16)
225 g Butter
½ TL Salz
115 g Rohzucker
350 g Melasse oder Rohzuckersirup
silberne Zuckerperlen oder andere
Zuckerverzierungen

Für den Zuckerguss:
500 g Puderzucker
3½–4 TL kaltes Wasser

Aus Karton folgende Schablonen herstellen: ein Rechteck von 8 x 7 cm für die Seitenwände und ein Rechteck von 12 x 16 cm für die Dachflächen; für die Giebelseite von einer Basis von 10 cm ausgehend die Seitenkanten 7 cm gerade nach oben ziehen und dann durch zwei in der Spitze zusammenlaufende 14 cm lange Linien zur Giebelform schließen.

Den Ofen auf 180 Grad vorheizen. Zwei Bleche mit Backpapier auslegen.

Mehl, Backpulver, Ingwerpulver und die Ingwer-Gewürzmischung in eine Schüssel sieben. Die Butter mit Salz, Rohzucker und Melasse schmelzen, glatt rühren und mit der Mehlmischung zu einem geschmeidigen Teig verarbeiten. Den Teig 1 cm dick ausrollen und mit Hilfe der Schablonen die benötigten Gebäudeteile zuschneiden (2 Dachseiten, 2 Seitenwände, 2 Giebelseiten). Aus der vorderen Giebelseite eine Tür ausschneiden. Alle Teigteile 12–15 Minuten backen und auf einem Kuchengitter abkühlen lassen.

Für die Verzierung den Puderzucker mit so viel kaltem Wasser mischen, dass eine feste Masse entsteht, dann diese 8 Minuten zu festem Schnee aufschlagen. Die Hälfte davon in einen Spritzbeutel mit kleiner, runder Tülle füllen und damit Fassade, Rückseite und Seitenwände des Hauses zusammenfügen. Das Ganze auf eine große Servierplatte setzen, die oberen Kanten mit Zuckerguss bestreichen und die beiden Dachflächen daraufsetzen. 2 Minuten trocknen lassen, dann die Tür anbringen.

Den Rest des Zuckergusses in einen neuen Spritzbeutel mit feiner Tülle füllen und damit das Haus verzieren. Mit silbernen Zuckerperlen oder anderen Dekorationen verzieren.

Ergibt 1 Lebkuchenhaus
Zubereitungszeit: 40 Minuten
Backzeit: 12–15 Minuten + 20 Minuten Abkühlzeit

Cremes, Gelees und Eis

Kokosgelee
mit Ananascarpaccio

Ingwer und Galgant harmonieren auf natürliche Weise mit exotischen Früchten und Kokosnuss, da sie alle in tropischen Regionen heimisch sind. Das pikante Aroma von Chili und Pfeffer auf der Ananas bildet einen herrlichen Kontrast zu dem erfrischenden Gelee.

2 Kaffirlimettenblätter, ersatzweise
1 lange Spirale Limettenschale
20 g frischer Galgant oder Ingwer, in Scheiben geschnitten
3 Blatt Gelatine
115 g feiner Zucker
etwa 400 ml Kokosmilch

Für das Ananascarpaccio:
½ reife Ananas, geschält
25 g frischer Galgant oder Ingwer, fein gehackt
½ frische rote Chili oder Peperoncini, entkernt, fein gehackt
½ TL schwarze Pfefferkörner, grob zerstoßen
1 EL Puderzucker

4 Souffléförmchen (je 150 ml Inhalt) dünn mit Öl ausstreichen.

Die Kaffirlimettenblätter und den Galgant oder Ingwer in einem Topf mit 200 ml Wasser zum Kochen bringen und bei reduzierter Temperatur 15 Minuten köcheln lassen. Mit einem Schaumlöffel die Kaffirlimettenblätter und die Galgant- oder Ingwerscheiben aus dem Sud heben, gut auspressen und dann wegwerfen.

Die Gelatineblätter 5 Minuten in kaltem Wasser einweichen. Zucker und Kokosmilch zum Sud geben und unter Rühren erhitzen, bis sich der Zucker aufgelöst hat. Den Topf vom Herd nehmen und die ausgedrückte Gelatine darin auflösen. Die Mischung in die Förmchen verteilen, abkühlen lassen und bis zum Servieren mindestens 3 Stunden im Kühlschrank fest werden lassen.

Für das Ananascarpaccio die Ananas in hauchdünne Scheiben schneiden. Die Scheiben samt dem entstandenen Saft mit Galgant oder Ingwer, Chili, Pfeffer und Puderzucker vorsichtig vermischen und 15 Minuten durchziehen lassen.

Das Gelee mit einem spitzen Messer dem Rand entlang von den Förmchen lösen, die Förmchen kurz in heißes Wasser tauchen und stürzen. Mit dem Ananascarpaccio servieren.

Für 4 Personen
Zubereitungszeit: 20 Minuten + 3 Stunden + 15 Minuten Ruhezeit
Kochzeit: 20 Minuten + 30 Minuten Abkühlzeit

Rhabarber-Ingwerbier-Gelee

Die leuchtend rosa Färbung des Rhabarbers macht dieses Gelee zu einem wahren Blickfang. Der Ingwer ist in diesem Dessert so dezent, dass auch Kinder es mögen.

1 kg rosa Rhabarber, klein geschnitten
175 g Zucker
6 Blatt Gelatine
300 g traditionelles Ingwerbier
(siehe Seite 142)

Den Rhabarber und den Zucker in einem Topf mit 250 ml Wasser bei niedriger Temperatur erhitzen, bis sich der Zucker aufgelöst hat, dann zum Kochen bringen und bei reduzierter Hitze zugedeckt etwa 20 Minuten köcheln lassen, bis der Rhabarber weich ist. In einem Abtropfsieb über einer Schüssel gründlich abtropfen lassen, dann den Sud zurück in den Topf geben und zugedeckt bei niedriger Hitze warm halten.

Die Gelatine einige Minuten in kaltem Wasser einweichen, dann ausdrücken und im heißen Sud auflösen. 10 Minuten abkühlen lassen.

Dann unter Rühren nach und nach das Ingwerbier unter die erkaltete Mischung rühren, diese in vier kleine Gläser oder Förmchen verteilen und mindestens 3 Stunden im Kühlschrank fest werden lassen. Auf kleine Dessertteller stürzen.

Für 4 Personen
Zubereitungszeit: 20 Minuten + 3 Stunden Abkühlzeit
Kochzeit: 25–30 Minuten + 10 Minuten Abkühlzeit

Kleine Rhabarbertartes mit Mascarpone

Diese Tartes sind schnell zubereitet und damit passend für sonnige Frühlingstage, an denen man sich lieber draußen als in der Küche aufhält.

90 g Butter
130 g feiner Zucker
200 g Ingwerkekse, fein zerbröselt
350 g Rhabarberstangen, geschält, in 8 cm lange Stücke geschnitten
100 ml Zuckersirup von eingelegtem Ingwer Rosensirup zum Beträufeln

Für die Mascarponecreme:
225 g Mascarpone
125 g Puderzucker
125 g griechischer Joghurt
200 ml Rahm
1 Orange, abgeriebene Schale
2 eingelegte Ingwernüsse, fein gehackt

Die Butter und 75 g des Zuckers in einem Topf zum Schmelzen bringen, anschließend mit den Kekskrümeln vermischen. Die Krümelmasse in 6 Tarteletteförmchen (8 cm Durchmesser) mit herausnehmbarem Boden verteilen, festdrücken und erkalten lassen.

Den Ofen auf 170 Grad vorheizen.

Den Rhabarber mit dem Ingwer-Zuckersirup und dem restlichen Zucker (55 g) in eine ofenfeste Form füllen, gut vermischen und 10 Minuten ziehen lassen, so dass der Rhabarber Saft lässt. Dann mit Alufolie bedeckt im Ofen 15–20 Minuten weich schmoren. Abkühlen lassen.

Für die Mascarponecreme Mascarpone, Puderzucker, Joghurt, Rahm, Orangenschale und Ingwer verrühren. In die Tarteletteformen verteilen, darauf jeweils etwas Rhabarber geben und mit Rosensirup beträufeln.

Für 6 Personen
Zubereitungszeit: 15 Minuten + 10 Minuten Marinierzeit
Kochzeit: 15–20 Minuten + 30 Minuten Abkühlzeit

Marmorierte Ingwer-Rhabarber-Creme

Die Kombination von Ingwer und Rhabarber hat mich so begeistert, dass ich auch dieses Rezept in meine Sammlung aufnehmen musste. Diese Cremespeise ist kinderleicht zuzubereiten; dazu reicht man knusprige Kekse.

450 g junge rosa Rhabarberstangen, in Stücke geschnitten
100 g feiner Zucker
60 g frischer Ingwer, geschält, in Scheiben geschnitten
1 Granatapfel, Saft ausgepresst (100 ml)
280 ml Rahm
1 EL Puderzucker
115 g griechischer Joghurt

Den Ofen auf 190 Grad vorheizen.

Den Rhabarber mit Zucker, Ingwer und Granatapfelsaft in einer ofenfesten Form vermischen. Mit Alufolie bedeckt im Ofen 30 Minuten weich schmoren. Die Ingwerscheiben herausfischen und wegwerfen; den Rhabarber mit einem Schaumlöffel herausheben und im Mixer pürieren.

Den verbliebenen Rhabarbersud in einem kleinen Topf zum Kochen bringen und auf zwei Drittel einkochen lassen. Vom Herd nehmen und das Rhabarberpüree daruntermischen. Lauwarm abkühlen lassen, dann 1 Stunde kalt stellen.

Den Rahm mit dem Puderzucker steif schlagen und den Joghurt darunterheben.

Das Rhabarberkompott behutsam unter die Joghurtcreme ziehen, so dass eine schöne Marmorierung entsteht. In Gläser verteilen.

Für 4 Personen
Zubereitungszeit: 20 Minuten + 1 Stunde Abkühlzeit
Kochzeit: 40 Minuten

Folgende Seiten: Seite 88 Rhabarbertarte, Seite 89 Marmorierte Ingwer-Rhabarber-Creme.

Pannacotta mit Brombeeren und Ingwer-Tuiles

Diese geschmacksintensive Pannacotta wird durch die leicht säuerliche Note der Crème fraîche abgerundet.

400 ml Vollmilch
200 ml Rahm
½ Vanilleschote, längs aufgeschlitzt
115 g feiner Zucker
5 Blatt Gelatine
3 EL Ingwerwein (siehe Seite 8)
600 g Brombeeren
Ingwer-Tuiles (siehe Seite 52), in kleinen Stücken

Falls die Pannacotta gestürzt werden soll, 6 kleine Gläser, Dessertschalen oder Soufflé-förmchen (je 150 ml Inhalt) dünn mit Öl ausstreichen.

In einem Topf unter Rühren Milch, Rahm, Vanilleschote und Zucker bis kurz vor den Siedepunkt erhitzen, dann bei reduzierter Temperatur unter Rühren 5 Minuten köcheln lassen, bis sich die Flüssigkeitsmenge um etwa 100 ml reduziert hat. Den Topf vom Herd nehmen.

Die Gelatine einige Minuten in kaltem Wasser einweichen, ausdrücken und unter die Milch-mischung rühren. Dann die Flüssigkeit in eine Schüssel abseihen, den Ingwerwein dazu-geben und weiterrühren, bis eine weiche Creme entstanden ist. In die Gläser, Schälchen oder Formen verteilen, abkühlen lassen und dann 2 Stunden im Kühlschrank kalt stellen.

Die Pannacotta entweder in den Gläsern servieren oder die Formen einige Sekunden in heißes Wasser tauchen und die Pannacotta auf Dessertteller stürzen. Das Dessert vor dem Servieren mit Brombeeren und den zer-kleinerten Ingwer-Tuiles verzieren.

Für 6 Personen
Zubereitungszeit: 15 Minuten + 2 Stunden Abkühlzeit
Kochzeit: 5 Minuten

Melone mit Ingwersirup

Dieses Dessert ist ebenso einfach zuzubereiten wie raffiniert in der Wirkung – ideal als Abschluss einer opulenten Mahlzeit oder als erfrischendes Element in einem asiatischen Menü.

½ Zuckermelone, Kerne entfernt
½ Cantaloupemelone, Kerne entfernt
200 ml kalter Ingwersirup (siehe Seite 16) oder Sirup von eingelegten Ingwernüssen

Mit Hilfe eines Melonenausstechers oder eines Teelöffels Kugeln aus dem Melonenfleisch ausstechen und diese in 4 Gläser oder Schälchen verteilen. Mit dem kalten Ingwersirup beträufeln und sofort servieren oder rund 4 Stunden kalt stellen.

Für 4 Personen
Zubereitungszeit: 10 Minuten + 4 Stunden Kühlzeit nach Belieben

Ingwerköpfchen mit kandiertem Ingwer

Diese köstliche Creme, ein Zwischending zwischen Panna-cotta und Crème brûlée, überzeugt durch ihr feines Ingweraroma. Sie können sie auch, ohne zu stürzen, in hübschen ofenfesten Schälchen oder Souffléförmchen servieren.

60 g frischer Ingwer, in Scheiben geschnitten (ungeschält)
600 ml Rahm
100 g feiner Zucker
2 Eier
2 Eigelb
2 TL Speisestärke (Maisstärke)
4 TL feiner Rohzucker
3 große Würfel kandierter Ingwer, in Stifte geschnitten

Den Ofen auf 160 Grad vorheizen.
4 Souffléformen oder Tassen (150 ml Inhalt) dünn fetten.

Die Ingwerscheiben mit einem Teigroller quetschen. Mit dem Rahm in einen Topf geben und bei geringer Temperatur erhitzen, bis der Rahm aufzuwallen beginnt. Die Herdplatte ausschalten und die Rahm-mischung 15 Minuten durchziehen lassen.

Zucker, Eier, Eigelbe und Speisestärke ver-rühren. Den Rahm unter Rühren durch ein Sieb zu der Eimischung gießen und rühren, bis eine homogene Masse entstanden ist. Den Ingwer entfernen.

Die Creme in die Formen verteilen und diese in eine hitzebeständige Auflaufform oder ein tiefes Blech stellen. Bis zur halben Höhe der Förmchen kochendes Wasser hineingießen und die Creme 40 Minuten im Ofen garen, bis sie fest ist. Herausnehmen, 30 Minuten ab-kühlen lassen, dann mindestens 4 Stunden oder am besten über Nacht kalt stellen.

Vor dem Servieren die Creme mit einem spitzen Messer von der Wand der Förmchen lösen, die Förmchen einige Sekunden in heißes Wasser tauchen und auf Dessertteller stürzen. Jedes Köpfchen mit 1 Teelöffel Zucker bestreuen und diesen mit einem Flambier-brenner goldbraun karamellisieren. Mit den kandierten Ingwerstiftchen bestreuen.

Für 4 Personen
Zubereitungszeit: 35 Minuten + mindestens 4 Stunden Abkühl- und Ruhezeit
Kochzeit: 40 Minuten + 30 Minuten Abkühlzeit

Kalter Hund mit Ingwer

Ein absolut unkomplizierter »Kuchen«, den auch Kinder gerne machen. Nüsse, Kekse und Trockenobst kann man nach Belieben austauschen. Auch wenn dieser Kuchen schon für sich sehr reichhaltig ist, passt dazu ein Klecks Crème fraîche oder Schlagrahm.

150 g Zartbitterschokolade, zerkleinert
75 g Butter
150 ml Kondensmilch
1 TL Vanilleextrakt
55 g Pekannüsse
75 g kandierte Kirschen
75 g Ingwerkekse, zerbröselt
55 g kandierter Ingwer, grob gehackt

Eine Kastenform (450 g Inhalt) mit Frischhaltefolie auskleiden; dabei die Enden überhängen lassen, um den Kuchen damit zum Schluss zu bedecken.

In einem Topf bei niedriger Temperatur unter gelegentlichem Rühren Schokolade und Butter zusammen mit der Kondensmilch zum Schmelzen bringen. Unter Rühren die restlichen Zutaten hinzufügen, so dass eine homogene Masse entsteht. Diese in die Form füllen; dann die Form mehrfach auf der Arbeitsfläche aufstoßen, damit Luftblasen entweichen und eine gleichmäßige Oberfläche entsteht. Abkühlen lassen, dann die

Oberfläche mit der überhängenden Folie abdecken und den Kuchen 4 Stunden oder über Nacht kühl stellen.

Den Kuchen stürzen und die Folie entfernen. Mit einem scharfen Messer, dessen Klinge man immer wieder unter heißes Wasser hält, in Scheiben schneiden.

Für 8–10 Personen
Zubereitungszeit: 15 Minuten + mindestens 4 Stunden im Kühlschrank
Kochzeit: 5 Minuten + 30 Minuten Abkühlzeit

Ingwer-Pavlovas mit Macadamianüssen

Beeindrucken Sie Ihre Gäste mit diesen köstlichen Nussmeringues. Die Zubereitung erfordert zwar einen gewissen Aufwand, aber man kann sie gut vorbereiten und erst im letzten Moment anrichten.

50 g Macadamianüsse, leicht geröstet
4 Eiweiß
1 Prise Salz
200 g Puderzucker
1 TL Ingwerpulver
100 ml Rahm
200 g griechischer Joghurt
1 EL Puderzucker
55 g kandierter Ingwer, fein gehackt
½ Rezept Ingwer-Nuss-Karamell (siehe Seite 52), mit grob gehackten Macadamianüssen zubereitet

Den Ofen auf 150 Grad vorheizen. Ein Backblech mit Backpapier auslegen.

Die Macadamianüsse in der Küchenmaschine oder im Cutter (Blitzhacker) fein zerkleinern.

Die Eiweiße mit dem Salz steif schlagen. Nach und nach den Puderzucker dazugeben und weiter schlagen, bis eine feste, glänzende Masse entstanden ist. Dann das Ingwerpulver und die fein gemahlenen Macadamianüsse darunterheben. Den Eischnee in 8 großen Klecksen auf das Blech setzen, etwas flach streichen und in der Mitte jeweils eine Mulde formen. Etwa 1 Stunde backen, bis die Meringues fest und trocken sind. Mit einem Spatel vom Backpapier lösen und abkühlen lassen.

Vor dem Servieren Rahm, Joghurt, Puderzucker und kandierten Ingwer verrühren, einen Löffel davon in jede Mulde setzen und mit dem Ingwer-Nuss-Karamell bestreuen. Möglichst bald (spätestens innerhalb 1 Stunde) servieren, sonst weichen die Meringues auf.

Für 8 Personen
Zubereitungszeit: 30 Minuten
Backzeit: 1 Stunde + 1 Stunde Abkühlzeit

Ingwer-Meringuerolle mit Himbeercremefüllung

Dieser luftige Meringueboden kann, mit Creme und Himbeeren gefüllt und gerollt, einige Stunden im Voraus zubereitet und bis zum Servieren kalt gestellt werden – praktisch, wenn man Gäste hat.

4 Eiweiß von großen Eiern
1 Prise Salz
250 g heller Rüben- oder Demerara-Zucker
2 TL Speisestärke (Maisstärke)
1 TL Weißweinessig
2 TL Ingwerpulver
Puderzucker zum Bestäuben
280 ml Rahm, steif geschlagen
2 EL Ingwersirup von Ingwernüssen
250 g frische Himbeeren sowie einige Himbeeren zum Verzieren

Den Ofen auf 180 Grad vorheizen. Ein rechteckiges Kuchenblech (23 x 15 cm) mit Backpapier auskleiden; das Backpapier sollte rundum 2½ cm überstehen.

In einer Schüssel die Eiweiße mit dem Salz steif schlagen. Nach und nach unter Rühren den Zucker hinzufügen und 2 Minuten weiterschlagen, bis eine feste, glänzende Masse entstanden ist. Dann Speisestärke, Essig und Ingwerpulver darunterrühren. Den Eischnee in die Form füllen und 20 Minuten backen, bis die Oberfläche fest ist. In der Form abkühlen lassen.

Ein großes Stück Backpapier auf die Arbeitsfläche legen und mit Puderzucker bestäuben. Den Meringueboden darauf stürzen, anschließend das Backpapier vom Meringueboden abziehen.

Den steif geschlagenen Rahm mit dem Ingwersirup aufschlagen und gleichmäßig auf dem Meringueboden verstreichen. Darauf die Himbeeren verteilen. Den Meringueboden von der Längsseite her aufrollen. Auf eine Kuchenplatte setzen und mit den zusätzlichen Himbeeren verzieren.

Für 6 Personen
Zubereitungszeit: 15 Minuten + 40 Minuten Abkühlzeit
Backzeit: 20 Minuten

Ingwer-Crème-brûlée mit Ahornsirup

Seidig, süß und aromatisch – Ahornsirup harmoniert perfekt mit Crème brûlée, und ein Hauch von Ingwer steigert noch den Genuss. Kaufen Sie einen hochwertigen Ahornsirup, nicht nur mit Aroma versetzten Sirup.

100 g frischer Ingwer, grob gehackt
½ l Rahm
60 ml Ahornsirup
6 Eigelb
8 TL Rohzucker zum Bestreuen

Für die Gewürzfeigen:
6 Feigen, halbiert oder geviertelt
4 EL Orangensaft
4 Kardamomschoten, zerquetscht
1 Zimtstange, in Stücke zerkleinert
55 g brauner Zucker

Den Ingwer 30 Sekunden in einen Topf mit kochendem Wasser geben, herausnehmen und abtropfen lassen. Den Rahm in den ausgespülten Topf geben und bis kurz vor den Siedepunkt erhitzen. Den Ingwer hinzufügen, die Herdplatte ausschalten und alles zugedeckt 45 Minuten durchziehen lassen.

Den Ofen auf 140 Grad vorheizen.

Den Ahornsirup mit den Eigelben verrühren; den Ingwerrahm durch ein Sieb dazugießen und gut verrühren.

4 Souffléförmchen (je 150 ml Inhalt) in eine ofenfeste Auflaufform stellen und die Creme in die Förmchen verteilen. Dann bis zur halben Höhe der Souffléförmchen kochendes Wasser in die Form gießen. Die Creme im Ofen etwa 40 Minuten fest werden lassen (bewegt man die Förmchen, muss sie leicht zittern). Herausnehmen und auf einem Kuchengitter abkühlen lassen. Dann 2 Stunden in den Kühlschrank stellen.

Zum Servieren die Crèmes brûlées mit dem Rohzucker bestreuen und mit einem Flambierbrenner goldbraun karamellisieren. Einige Minuten stehen lassen, dann nochmals 2 Stunden in den Kühlschrank stellen, damit die Karamellschicht fest wird.

Für die Feigen den Ofen auf 180 Grad vorheizen. Alle Zutaten in eine ofenfeste Form geben und 15–20 Minuten im Ofen garen. Mit den Crèmes brûlées servieren.

Für 4 Personen
Zubereitungszeit: 20 Minuten + 45 Minuten Ruhe- und Abkühlzeit
Garzeit: 40 Minuten (Crème brûlée) + 15–20 Minuten (Feigen) + zweimal 2 Stunden Abkühlzeit

Honig-Ingwer-Semifreddo

Eine Eismaschine brauchen Sie für dieses Rezept nicht – man lässt das Semifreddo, ohne umzurühren, gefrieren. Soll das Eis statt in Kugeln in Scheiben aufgeschnitten serviert werden, verwenden Sie eine kleine Kastenform.

1 Ei
3 Eigelb
4 EL Honig
4 EL Zuckersirup von den Ingwernüssen
280 ml Rahm
3 eingelegte Ingwernüsse, gehackt
600 g frische Beeren oder Obst der Saison, nach Belieben

Einen Kunststoffbehälter (1 l Inhalt) mit Deckel bereitstellen. Oder für Eis, das in Scheiben serviert werden soll, eine Kastenform mit Frischhaltefolie auskleiden und in den Tiefkühler stellen.

In einer Schüssel über dem Wasserbad Ei, Eigelbe, Honig und Ingwersirup mit dem Handmixer aufschlagen (achten Sie darauf, dass der Boden der Schüssel nicht mit dem Wasser in Berührung kommt). 4 Minuten schlagen, bis eine helle, cremige Masse entstanden ist. Unter gelegentlichem Rühren abkühlen lassen.

Den Rahm cremig, aber nicht steif schlagen. Die abgekühlte Eimischung und die gehackten Ingwernüsse darunterheben. Die Masse in die Form füllen und mit Deckel oder Frischhaltefolie bedeckt mindestens 4 Stunden im Tiefkühler gefrieren lassen, ohne umzurühren.

Zum Servieren mit einem Eisportionierer Kugeln formen oder das Semifreddo aus der Kastenform stürzen, die Frischhaltefolie abziehen und das Halbgefrorene in Scheiben schneiden. Mit Beeren oder Obst der Saison servieren.

Für 6 Personen
Zubereitungszeit: 10 Minuten + 40 Minuten Abkühlzeit
Kochzeit: 4 Minuten
Gefrierzeit: 4 Stunden

Ingwereis

Tipps für Faule: Statt der Englischen Creme eine fertige Vanillecrememischung verwenden. Oder noch einfacher gehackte Ingwernüsse und etwas Ingwersirup beziehungsweise zerbröselte Ingwerkekse mit weichem Vanilleeis vermischen – schneller geht's nicht!

1 Portion Englische Creme mit Ingwer (siehe Seite 18), mit Vollmilch und 110 g feinem Zucker zubereitet
250 ml Rahm, geschlagen
3 Ingwernüsse, gehackt
2 EL Zuckersirup von eingelegten Ingwernüssen

Die Englische Creme zubereiten. Rahm, gehackte Ingwernüsse und Ingwersirup darunterheben und die Masse in der Eismaschine gefrieren lassen. Oder aber die Masse in einen flachen Behälter geben, in den Tiefkühler stellen und alle 4 Stunden durchrühren, so dass sich die Eiskristalle lösen. 15 Minuten vor dem Servieren in den Kühlschrank stellen, damit das Eis cremig weich wird.

Variante: Statt der gehackten Ingwernüsse geriebene Muskatnuss sowie 125 g zerbröselte Gewürzkekse (Spekulatius) unter die Englische Creme heben.

Ergibt 500 g Eis
Zubereitungszeit: 20 Minuten für die Englische Creme + 5 Minuten
Gefrierzeit: 4 Stunden

Eisbecher mit karamellisierten Nektarinen

Das subtile Ingweraroma unterstreicht den Geschmack der
karamellisierten Nektarinen, der
Karamellsauce, der Eiscreme
und des Ingwer-Mandel-Karamells.
Ein göttliches Dessert!

15 g Butter
4 Nektarinen, entsteint, jeweils in 6 Spalten
geschnitten
85 g brauner Zucker
2 TL kandierter Ingwer, sehr fein gehackt
125 ml Rahm
½ Rezeptmenge Ingwer-Mandel-Karamell
(siehe Seite 52, anstelle der Nüsse mit
geschälten Mandeln zubereitet), in kleine
Stücke gebrochen
4 große Kugeln Vanille- oder Ingwereis
(siehe Seite 106)

Die Butter in einer Pfanne schmelzen,
bis sie gerade aufzuschäumen beginnt. Die
Nektarinen mit Zucker und Ingwer hinzufügen und bei mäßiger Hitze unter Wenden
2–3 Minuten karamellisieren. Mit einem
Schaumlöffel herausheben und beiseite
stellen.

Den Rahm zusammen mit 2 Esslöffeln Wasser
in die Pfanne geben und unter Rühren
aufkochen, so dass eine homogene Sauce
entsteht. 10 Minuten abkühlen lassen.

Nektarinen, Karamellsauce, Ingwer-Mandel-
Karamell und Eis in 4 Dessertschalen anrichten
und sofort servieren.

Tipp: Statt selbstgemachtem Ingwereis
können Sie ganz einfach kandierten Ingwer
und 2 Esslöffel Ingwersirup unter weiches
Vanilleeis mischen und zurück in den
Tiefkühler stellen, bis das Eis wieder fest ist.

Für 4 Personen
Zubereitungszeit: 10 Minuten
Kochzeit: 5 Minuten + 10 Minuten
Abkühlzeit

Ingwer-Eislutscher am Zitronengras-Stiel

Wenn Sie lieber Sorbet mögen, fügen Sie 110 ml Wasser hinzu, erhitzen Sie das Ganze und lassen Sie es wie im Rezept beschrieben abkühlen. Dann füllen Sie den Sirup in die Eismaschine. Dieses Sorbet ist auch eine perfekte Basis für Cocktails.

8 lange Stängel Zitronengras, geschält
40 g frischer Ingwer, in Scheiben geschnitten
175 g feiner Zucker
Saft von ½ Limette

Von jedem Zitronengrasstängel 5 cm abschneiden und beiseite legen; sie dienen als Stiele für die Eislutscher.

Die restlichen Teile des Zitronengrases in feine Scheiben schneiden und mit Ingwer, Zucker und ½ l Wasser in einem Topf bei mäßiger Temperatur unter Rühren erhitzen, bis sich der Zucker aufgelöst hat; dann aufkochen und 2 Minuten kochen lassen. Den Topf vom Herd nehmen und die Flüssigkeit zugedeckt 20 Minuten ziehen lassen.

Den Limettensaft darunterrühren, den Sud durch ein Sieb gießen und die festen Bestandteile wegwerfen. Die Flüssigkeit im Tiefkühler abkühlen lassen, dann in 8 Eislutscherformen oder kleine Joghurtbecher füllen (die Behälter nicht randvoll füllen) und 40 Minuten in den Tiefkühler geben, bis die Flüssigkeit fest wird und schmelzendem Schnee ähnelt. Die Zitronengrasstängel hineinstechen und die Eislutscher weitere 3 Stunden gefrieren lassen, bis sie vollständig ausgehärtet sind.

Ergibt 8 Eislutscher
Zubereitungszeit: 15 Minuten + 20 Minuten Abkühl- und Durchziehzeit
Kochzeit: 5 Minuten
Tiefkühlzeit: 4 Stunden

Kokos-Limetten-Eis mit Ingwer

Dieses Eis bietet tropischen Gaumenkitzel und dank des Ingwers ein spritzig-erfrischendes Aroma. Wenn Sie der Kokoscreme beim Erhitzen einen Löffel Speisestärke hinzufügen, bindet sie wunderbar ab.

Für das Eis:
2 Eigelb
1 TL Speisestärke (Maisstärke)
400 ml Kokosmilch
125 g feiner Zucker
85 g frischer Ingwer
1 Limette, Saft und abgeriebene Schale
1 TL Kokos- oder Vanilleextrakt
125 ml Rahm

Für den Ingwer-Limetten-Sirup:
3 Limetten, Saft
1 TL Pfeilwurzstärke
100 g Zucker
½ Limette, fein abgeriebene Schale
30 g frischer Ingwer, in feine Scheiben geschnitten
½ Limette, Schale in feine Streifen oder Zesten geschnitten

Für das Eis Eigelbe und Speisestärke verrühren. Kokosmilch und Zucker unter Rühren bei mäßiger Temperatur erhitzen, bis sich der Zucker aufgelöst hat. Vom Herd nehmen und die Flüssigkeit unter die Eigelbmischung rühren. Zurück in den Topf geben und 5 Minuten bei mäßiger Hitze eindicken lassen. Zugedeckt abkühlen lassen.

Den Ingwer reiben und in einem Musselintuch über einer Schüssel den Saft ausdrücken und auffangen; das ausgepresste Fruchtfleisch wegwerfen. Den Ingwersaft zusammen mit Limettensaft und Kokos- oder Vanilleextrakt zur Kokos-Ei-Mischung rühren. Den Rahm cremig aufschlagen und ebenfalls darunterziehen. Die Masse in der Eismaschine gefrieren lassen oder in einen Kunststoffbehälter füllen und in den Tiefkühler stellen; in diesem Fall im Abstand von jeweils einer Stunde die Masse dreimal durchrühren, damit sich die Eiskristalle auflösen. Dann über Nacht im Tiefkühler stehen lassen.

Für den Sirup den Limettensaft mit der Pfeilwurzstärke vermischen. In einem Topf Zucker, Limettenschale und Ingwer zusammen mit 125 ml Wasser unter Rühren bei mäßiger Temperatur erhitzen, bis sich der Zucker aufgelöst hat. Dann bei niedriger Hitze 10 Minuten köcheln lassen. Diesen Sirup zur Limettensaft-Mischung geben, das Ganze zurück in den Topf füllen und erneut bei niedriger Hitze unter Rühren erwärmen, bis die Masse eindickt. Abkühlen lassen, dann die Limettenschalenstreifen oder -zesten einrühren und kalt stellen.

Für 8 Personen
Zubereitungszeit: 15 Minuten
Kochzeit: 25 Minuten
Tiefkühlzeit: 3 Stunden + 1 Nacht

Folgende Seiten: Seite 112 Ingwer-Eislutscher, Seite 113 Kokos-Limetten-Eis.

Rosa-Grapefruit-Granité mit Ingwer

Frisch gepresster Saft von rosa Grapefruits besitzt ein einzigartiges Aroma, aber wenn es schnell gehen muss, können Sie auch einen fertig gekauften Saft von guter Qualität verwenden – das Ergebnis wird auch dann spektakulär sein.

½ l Saft von rosa Grapefruits
2 TL fein geriebener, frischer Ingwer
150 g feiner Zucker
einige Tropfen Angostura, nach Belieben

Grapefruitsaft, Ingwer und Zucker unter Rühren bei niedriger Temperatur in einem Topf erhitzen, bis sich der Zucker aufgelöst hat. Vom Herd nehmen und abkühlen lassen. Den Angostura einrühren. Die Flüssigkeit in einen flachen Behälter (20 x 30 cm) füllen und 1 Stunde in den Tiefkühler stellen.

Mit einer Gabel die Eiskristalle von den Rändern unter die noch nicht gefrorene Masse in der Mitte rühren und 1 weitere Stunde in den Tiefkühler stellen. Diesen Vorgang drei- bis viermal in jeweils stündlichem Abstand wiederholen, bis das Granité durch und durch gefroren ist und rosa Eiskristalle entstanden sind.

Das Granité mit einer Gabel zerkleinern und in vorgekühlten Gläsern servieren.

Für 4 Personen
Zubereitungszeit: 5 Minuten
Kochzeit: 5 Minuten + 15 Minuten Abkühlzeit
Tiefkühlzeit: 5 Stunden

Mango-Ingwer-Kulfi

Für dieses Rezept muss die Mango sehr reif sein und einen intensiven Muskatgeruch verströmen. Wenn Sie keine wirklich reife Frucht finden, nehmen Sie lieber Mangos aus der Dose.

200 ml sehr kalte Vollmilch
200 ml sehr kalte gezuckerte Kondensmilch
30 g Ingwer, geschält, fein gerieben
300 ml Rahm
1 große, sehr reife Mango, geschält
und püriert, oder 300 g Mango aus der Dose
1 frische Mango, nach Belieben

Milch, Kondensmilch und Ingwer in einer Schüssel verrühren. Den Rahm cremig aufschlagen und zusammen mit der pürierten Mango unter die Milchmischung ziehen.

Die Masse in 6 kleine Formen oder Gläser verteilen und mindestens 5 Stunden in den Tiefkühler stellen.

Kurz vor dem Servieren die Formen in heißes Wasser tauchen und das Kulfi auf eine Platte oder auf Dessertteller stürzen. Nach Belieben mit frischer Mango garnieren.

Für 6 Personen
Zubereitungszeit: 10 Minuten
Tiefkühlzeit: 5 Stunden

Ingwer-Karamell-Eisparfait

Die Gelatine kann in diesem Rezept auch weggelassen werden. Dann muss das Parfait nur etwas länger im Tiefkühler bleiben, bevor man es in den Kekskrümeln wälzt.

225 g feiner Zucker
1½ TL Ingwerpulver
2 Blatt Gelatine
2 Eiweiß von großen Eiern
1 Prise Salz
300 ml Rahm
125 g Ingwer-Schokoladen-Kekse, zerbröselt

Eine Kastenform (900 g Inhalt) mit Backpapier auskleiden.

Den Zucker bei niedriger Hitze in einem Topf zum Schmelzen bringen; diesen Vorgang gut überwachen und dabei den Topf gelegentlich schwenken, bis goldfarbenes Karamell entstanden ist. Den Topf vom Herd nehmen, 150 ml Wasser beifügen und rühren, bis ein Sirup entstanden ist. Das Ingwerpulver hinzufügen.

Die Gelatine 5 Minuten in kaltem Wasser einweichen, ausdrücken und unter den Sirup rühren, bis sie sich vollständig aufgelöst hat (notfalls nochmals bei niedriger Hitze einige Sekunden unter Rühren erwärmen). Beiseite stellen.

Die Eiweiße mit dem Salz steif schlagen. In einer zweiten Schüssel den Rahm steif schlagen. Den Sirup und den Eischnee unter den geschlagenen Rahm ziehen und die Masse in die Form füllen. Abgedeckt mindestens 3 Stunden in den Tiefkühler stellen, bis die Masse durchgefroren ist.

Die zerbröselten Kekse auf einem Backblech verteilen, das Parfait aus der Form nehmen und in den Bröseln wälzen, so dass es gleichmäßig damit umhüllt ist. Dann bis zum Servieren in Backpapier gehüllt im Tiefkühler aufbewahren. 10 Minuten vor dem Aufschneiden im Kühlschrank etwas weicher werden lassen.

Für 6–8 Personen
Zubereitungszeit: 30 Minuten
Kochzeit: 5 Minuten + 10 Minuten Abkühlzeit
Tiefkühlzeit: 3 Stunden

Konfitüren, süße Leckereien und Schokolade

Ingwermarmelade

Im Januar ist die kurze Saison der Bitterorangen auf ihrem Höhepunkt. Mit dieser Marmelade können Sie ihr einzigartiges Aroma konservieren. Für eine Marmelade aus gewöhnlichen Orangen ersetzen Sie zwei davon durch Limetten – so ergibt sich ein interessanteres Aroma.

1 kg Bitterorangen oder Pomeranzen
1 Zitrone
40 g frischer Ingwer, in Scheiben geschnitten
2½ kg grobkörniger Rohzucker
225 g eingelegte Ingwernüsse, abgetropft, in feine Scheiben geschnitten
1 walnussgroßes Stück Butter

Die Schale der Orangen und der Zitrone hauchdünn, ohne die bittere weiße Haut ablösen und in feine Streifen schneiden. Die weiße Haut möglichst vollständig von den Früchten abziehen und aufbewahren.

Den Saft der Bitterorangen und der Zitrone auspressen und in einen Topf geben. Das zurückbleibende Fruchtfleisch 1 x 1 cm groß hacken (dabei Kerne und harte Fasern entfernen) und zusammen mit den Schalenstreifen ebenfalls in den Topf geben. Kerne und Fasern zusammen mit der weißen Haut in ein Musselintuch geben, zubinden und in den Topf geben. Das Ganze mit 3 l Wasser aufgießen und 1½ bis 2 Stunden köcheln lassen, bis die Schalen weich sind und sich die Wassermenge auf die Hälfte reduziert hat.

Das Musselinsäckchen aus dem Sud nehmen und mit einem Holzlöffel an der Topfwand ausdrücken. Zucker und Ingwer hinzufügen und rühren, bis sich der Zucker aufgelöst hat. Erneut zum Kochen bringen und 10–15 Minuten köcheln lassen, bis das Zuckerthermometer 105 Grad anzeigt oder bis ein Teelöffel der Masse, auf einen kalten Teller gegeben, sich kräuselt, wenn man den Finger hineinsteckt. Die Butter hinzufügen, den Topf vom Herd nehmen und die Marmelade 15 Minuten eindicken lassen, damit die Schalenstreifen nicht an die Oberfläche steigen.

Die Marmelade in sterilisierte Gläser füllen und mit Wachspapier und Zellophan oder mit gut schließenden sauberen Deckeln verschließen. An einem kühlen, dunklen Ort aufbewahren.

Ergibt 6 Gläser à 450 g
Zubereitungszeit: 30 Minuten
Kochzeit: 2¼–2½ Stunden

Feigenkonfitüre mit Ingwer

Mit dieser Konfitüre werden Toast und Brötchen zur Delikatesse und Tartes zu einer süßen Köstlichkeit. Wer mag, verfeinert sie mit Lavendelblüten – sie harmonieren wunderbar mit den Feigen.

30 g kandierter Ingwer
2 EL frische oder getrocknete Lavendelblüten, nach Belieben
700 g grobkörniger Rohzucker
800 g Feigen, gesäubert
1 Zitrone, Saft und abgeriebene Schale
2 EL Pinienkerne

Ingwer, Lavendel und Zucker im Mixer fein zerkleinern; dann in einen großen Topf geben.

Die Feigen mit Zitronensaft und -schale im Mixer stückig zerkleinern, ebenfalls in den Topf geben und alles langsam unter Rühren erhitzen, bis sich der Zucker aufgelöst hat. Dann zum Kochen bringen und 15 Minuten kochen lassen, bis die Konfitüre eine dickliche, siruparige Konsistenz hat. Um die Konsistenz zu prüfen, einige Tropfen auf einen kalten Teller geben; wenn man den Finger hineinsteckt, sollte sich die Oberfläche kräuseln. Andernfalls noch einige Minuten köcheln lassen und erneut prüfen.

Sobald die Konfitüre fest geworden ist, die Pinienkerne darunterheben und alles in sterilisierte Gläser füllen.

Ergibt etwa 1½ kg Konfitüre
Zubereitungszeit: 10 Minuten
Kochzeit: 20 Minuten

Frische Birnen-Ingwer-Konfitüre

Der Zusatz »frisch« verrät bereits, dass es sich eher um ein Kompott handelt, das im Kühlschrank aufbewahrt werden muss. Die Früchte werden nur wenige Minuten gekocht und dadurch behält die Konfitüre ein herrlich fruchtiges Aroma.

1,6 kg feste Birnen, geschält, entkernt, zerkleinert
650 g Einmachzucker
3 EL frischer Ingwer, geschält, grob gehackt
1 Zitrone, fein abgeriebene Schale
1 EL Zitronensaft

Alle Zutaten bei niedriger Temperatur unter Rühren in einem großen Topf erhitzen, bis sich der Zucker aufgelöst hat. Zum Kochen bringen und dann bei reduzierter Hitze 10 Minuten köcheln lassen, bis die Birnen zwar weich sind, aber noch nicht zerfallen. Abkühlen lassen.

Im Kühlschrank hält sich diese Konfitüre bis zu 2 Wochen.

Ergibt etwa 1½ kg Konfitüre
Zubereitungszeit: 10 Minuten
Kochzeit: 12 Minuten + 1 Stunde Abkühlzeit

Weiches Ingwer-Karamell

Viele Rezepte mit Ingwer wecken bei mir Kindheitserinnerungen. So auch dieses. Wichtig dabei ist, dass man die Masse beim Abkühlen kräftig schlägt, damit ein herrlich weiches Karamell mit Schmelz entsteht.

335 g Zucker
150 ml ungezuckerte Kondensmilch
50 ml Rahm
60 g Butter, gewürfelt
½ TL Salz
3 eingelegte Ingwernüsse, abgetropft, gehackt
100 g gehackte Pekannüsse, nach Belieben
1 TL Vanilleextrakt

Eine Kastenform (20 cm Länge) mit Backpapier auskleiden.

Zucker, Kondensmilch, Rahm, Butter und Salz in einem Topf vermischen und langsam zum Kochen bringen. Dann bei reduzierter Hitze unter Rühren 15 Minuten köcheln lassen, bis das Zuckerthermometer eine Temperatur von 115 Grad anzeigt.

Den Topf vom Herd nehmen und die Mischung mit einem Schneebesen 3 Minuten kräftig schlagen. Das Karamell muss dabei seinen Glanz verlieren und eine körnige Konsistenz annehmen. Dann Ingwer, Pekannüsse und Vanilleextrakt einrühren und die Masse in die Form füllen. Abkühlen lassen und vor dem Servieren mindestens 2 Stunden im Kühlschrank kalt stellen. Anschließend in kleine Quadrate aufschneiden.

Ergibt 36 Karamellen
Zubereitungszeit: 10 Minuten + 2 Stunden Kühlzeit
Kochzeit: 20 Minuten + 2 Stunden Abkühlzeit

Butter-Ingwer-Karamell

Der würzig-pikante Geschmack des Ingwerpulvers vereint sich perfekt mit dem Aroma des braunen Zuckers – als Karamell zubereitet einfach himmlisch.

175 g Butter
225 g Rohzucker
225 g Rohzuckersirup
200 g gezuckerte Kondensmilch
1 kleine Prise Salz
2 TL Ingwerpulver

Eine rechteckige Form (20 x 30 cm) mit Backpapier auskleiden und fetten.

Butter, Zucker und Zuckersirup in einem Topf bei niedriger Temperatur unter Rühren erhitzen, bis sich der Zucker aufgelöst hat. Dann bei etwas höherer Hitze Kondensmilch,

Salz und Ingwer einrühren. Zum Kochen bringen und 15 Minuten unter Rühren aufkochen lassen, bis auf dem Zuckerthermometer eine Temperatur zwischen 114 und 118 Grad erreicht ist und die Masse große Blasen schlägt. Falls Sie kein Zuckerthermometer haben, lassen Sie als Test einen Teelöffel der Masse in ein Glas Wasser fallen. Bildet sich eine Kugel, die Sie zwischen den Fingern zerdrücken können, ist die richtige Temperatur erreicht. Weitere 2 Minuten kochen lassen, dann die Masse in die Form füllen und lauwarm abkühlen lassen.

Mit einem eingeölten Messer in 60 Stücke schneiden und diese vollständig abkühlen lassen.

Ergibt etwa 700 g oder 60 Karamellen
Zubereitungszeit: 10 Minuten
Kochzeit: 25 Minuten + 2 Stunden Abkühlzeit

Zartbittertrüffel mit Ingwer

Als ich vor etwa zwei Jahren zum ersten Mal selbst Trüffel machte, habe ich festgestellt, dass Rahm die Konsistenz der Ganache komplett verändert – seitdem gehört Rahm für mich unbedingt dazu. Die Ingwerstückchen geben den Trüffeln eine würzig-pikante Note.

300 ml Rahm
200 g Zartbitterschokolade
1 TL Butter
1 TL Vanilleextrakt
75 g eingelegte Ingwernüsse, fein gehackt
½ TL Zimt

Zum Fertigstellen:
30 g Kakaopulver
55 g geröstete Mandeln, fein gehackt
100 g geschmolzene Zartbitterschokolade, nach Belieben

Den Rahm in einem Topf bei niedriger Temperatur bis kurz vor den Siedepunkt erhitzen. Den Topf vom Herd nehmen, Schokolade, Butter und Vanilleextrakt einrühren und unter gelegentlichem weiterem Rühren die Butter schmelzen lassen, so dass eine geschmeidige, glänzende Masse entsteht. Die gehackten Ingwernüsse und den Zimt dazugeben und die Masse in eine Schüssel umfüllen. Mit Frischhaltefolie abdecken und 3 Stunden im Kühlschrank kalt stellen, bis die Masse relativ fest ist.

Aus der Masse mit einem Teelöffel oder mit den Fingern Kugeln formen. Diese im Kakaopulver und in den gehackten Mandeln wälzen, bis sie damit gleichmäßig überzogen sind, und die Trüffel anschließend mit Hilfe einer Gabel kurz in die flüssige Schokolade tauchen. An einem kühlen Ort auf Backpapier etwa 2 Stunden fest werden lassen.

Ergibt etwa 30 Trüffel
Zubereitungszeit: 20 Minuten + 5 Stunden Abkühlzeit
Kochzeit: 5–10 Minuten

Schokoladentaler mit Ingwer und Nüssen

Verwenden Sie hochwertige Schokolade – nicht unbedingt die mit dem höchsten Kakaoanteil, sondern die mit dem intensivsten Aroma, das den Ingwergeschmack am besten unterstreicht.

200 g Zartbitterschokolade, geschmolzen
75 g kandierter Ingwer oder eingelegte Ingwernüsse, gewürfelt oder gestiftelt
1 EL kandierte Sauerkirschen
2 EL geschälte, geröstete Mandeln, Pistazien oder Macadamianüsse oder eine Mischung davon, halbiert

Zwei Backbleche mit Silikonmatten auslegen und darauf teelöffelgroße Kleckse geschmolzener, lauwarmer Schokolade setzen (siehe dazu den untenstehenden Tipp). Die Schokolade zu regelmäßig geformten Kreisen verstreichen. Ingwer, Sauerkirschen und Nusskerne vermischen und die Mischung sanft in die Schokolade drücken. An einem kühlen Ort fest werden lassen.

Ergibt etwa 20 Stück
Zubereitungszeit: 15 Minuten + 30 Minuten Ruhezeit

Ingwer-Schokoladen-Stäbchen

Schon mein Großvater liebte diese einfach zuzubereitende Nascherei. Sie können die Stäbchen gar nicht oder auch nur zur Hälfte in die Schokolade tauchen, oder Sie warten, bis die Schokolade fest ist, um dann auch noch die andere Seite einzutauchen.

110 g Ingwer in Zuckersirup, selbst hergestellt (siehe Seite 14), oder fertig gekauft bzw. kandierter Ingwer, in Stäbchen geschnitten
110 g Zartbitterschokolade, geschmolzen

Eine Seite der Ingwerstäbchen in die flüssige Schokolade tauchen und auf Backpapier an einem kühlen Ort fest werden lassen.

Tipp: Damit der Schokoladenüberzug nach dem Trocknen schön glänzt, bringen Sie die Schokolade ganz langsam im Wasserbad zum Schmelzen: Dazu platzieren Sie eine hitzebeständige Schüssel über einen Topf mit köchelndem Wasser. Die Herdtemperatur so weit reduzieren, dass die Temperatur der Schokolade bei 28 Grad Celsius liegt. Dann die Hitze etwas steigern, so dass die Schokolade 31 Grad warm ist. Dann ist sie auch schon geschmolzen. Auf den Geschmack wirkt sich dieses Verfahren nicht aus.

Ergibt etwa 20 Ingwerstäbchen
Zubereitungszeit: 10 Minuten + 30 Minuten Ruhezeit

Ingwer-Florentiner mit Pekannüssen

Dieses Gebäck gibt Ihnen das Gefühl, selbst ein Konditor zu sein. Es ist so köstlich, als wäre es von einem Meister-Pâtissier zubereitet worden.

15 g Mehl
25 g Butter
75 g feiner Zucker
½ TL Ingwerpulver
70 ml Rahm
75 g Mandelblättchen
75 g Pekannüsse, grob gehackt
55 g kandierter Ingwer
100 g weiße Schokolade
100 g Zartbitterschokolade

Den Ofen auf 190 Grad vorheizen. Ein Backblech fetten, mit ½ Teelöffel des Mehls bestäuben und das überschüssige Mehl abschütteln.

Butter, Zucker, Ingwerpulver und das restliche Mehl in einem Topf bei mäßiger Temperatur unter ständigem Rühren zum Schmelzen bringen. Unter fortgesetztem Rühren nach und nach den Rahm hinzufügen. Den Topf vom Herd nehmen und Mandeln, Nüsse und kandierten Ingwer einrühren.

Esslöffelgroße Portion der Masse mit ausreichend Abstand auf das Blech setzen und sehr flach drücken. 12–14 Minuten backen, bis sich die Florentiner goldbraun färben. 1 Minute auf dem Blech abkühlen lassen, dann auf ein Kuchengitter heben und vollständig erkalten lassen. Mit dem restlichen Teig ebenso verfahren.

Die weiße und die dunkle Schokolade separat über dem Wasserbad zum Schmelzen bringen. Die eine Hälfte der Florentiner mit weißer, die andere Hälfte mit dunkler Schokolade bestreichen. 1–2 Minuten fest werden lassen und dann mit den Zinken einer Gabel die Florentiner mit einem Wellenmuster verzieren. Vor dem Servieren an einem kühlen Ort vollständig fest werden lassen.

Ergibt etwa 20 Florentiner
Zubereitungszeit: 10 Minuten
Backzeit: 12–14 Minuten pro Ofenladung + 30 Minuten Abkühl- und Ruhezeit

Getränke

Ingwertee

Dieser Tee gehört zu meinen Lieblingsgetränken. Er hat heilende Wirkung und kuriert so manches Wehwehchen: morgendliche Lustlosigkeit, Kopfweh, Verstopfung und noch vieles mehr ...

Etwa 60 g frischer Ingwer, geschält, in Stifte geschnitten
Honig, nach Belieben

Den Ingwer in eine Teekanne geben und mit 600 ml kochendem Wasser übergießen. 2 Minuten ziehen lassen, dann ist er genussbereit. Falls gewünscht, mit Honig süßen.

Um dem Ingwer das Maximum an Aromastoffen zu entziehen, können Sie immer wieder heißes Wasser in die Kanne nachgießen.

Variante: Eine Geschmacksvariante erhalten Sie, indem Sie Zitronenscheiben und/oder einige Blätter frische Minze hinzufügen. Wie oben beschrieben zubereiten.

Ergibt etwa 3 Tassen
Zubereitungszeit: 5 Minuten + 2 Minuten Ziehenlassen

Traditionelles Ingwerbier

Ein köstliches Getränk, das besonders gut zu Ingwergebäck mundet. Wer's pikant mag, fügt weitere 20 Gramm Ingwer hinzu.

1 Zitrone, in Scheiben geschnitten
1 Limette, in Scheiben geschnitten
300 g feiner Zucker
40 g frischer Ingwer, geschält, in Scheiben geschnitten
15 g frische Hefe
2 TL Weinstein

Die Zitronen- und Limettenscheiben mit Zucker, Ingwer und 2 l Wasser in einen Topf geben und bei niedriger Temperatur erhitzen, bis sich der Zucker aufgelöst hat. Dann zum Kochen bringen und 5 Minuten köcheln lassen. Auf Raumtemperatur abkühlen lassen.

2 Esslöffel des Suds mit der Hefe und dem Weinstein vermischen und unter Rühren zurück zum Sud in den Topf geben. Den Sud durch ein Musselintuch abseihen und dann mit einem sauberen Geschirrtuch abgedeckt 48 Stunden an einem warmen Ort stehen lassen.

Die Flüssigkeit nochmals abseihen und anschließend in Flaschen füllen. Die Flaschen mit Musselintüchern abdecken und diese mit Gummibändern fixieren. 24 Stunden kalt stellen, dann die Flaschen mit Bügelverschluss oder Schraubdeckel verschließen. Im Kühlschrank lagern. Das Bier mit Mineralwasser aufgießen und mit Eiswürfeln servieren.

Ergibt 2 l Bier
Zubereitungszeit: 25 Minuten + 3 Tage Ruhezeit
Kochzeit: 8 Minuten

Das folgende Rezept für Ingwerbier ist noch schneller und einfacher.

3 TL Trockenhefe
60 g frischer Ingwer, geschält, grob zerquetscht
290 g feiner Zucker
1 Zitrone, Saft
Zitronenscheiben, nach Belieben

Trockenhefe, Ingwer und 55 g des Zuckers mit 250 ml lauwarmem Wasser vermischen. Rühren, bis sich der Zucker aufgelöst hat. Dann 15 Minuten an einem warmen Ort stehen lassen, bis die Hefe zu schäumen beginnt.

Unter Rühren den restlichen Zucker (235 g) und den Zitronensaft dazugeben. Die Flüssigkeit in saubere Kunststoff- oder PET-Flaschen füllen und diese mit Wasser auffüllen; dabei bis zum oberen Rand 2½ cm Platz lassen. Darauf achten, dass keine Luftblasen enthalten sind, dann die Flaschen fest verschließen und bei Raumtemperatur etwa 8 Stunden stehen lassen, bis sich die Flaschen aufgebläht haben. Dann die Flaschen öffnen und in den Kühlschrank stellen.

Das Bier mit Mineralwasser aufgießen, mit Zitronenscheiben und viel Eis servieren.

Limetten-Ingwer-Likör

Limetten verbinden sich perfekt mit dem pikanten Aroma von Ingwer. Sie können statt der Limetten auch Zitronen verwenden.

450 g Zucker
1 Limette, Schale in Stücken abgelöst
100 g frischer Ingwer, in Scheiben geschnitten
2 TL Weinstein
8 große Limetten, Saft

Zucker, Limettenschale, Ingwer und Weinstein zusammen mit 450 ml Wasser in einem Topf bei niedriger Temperatur unter Rühren erhitzen, bis sich der Zucker aufgelöst hat. Dann bei höherer Temperatur zum Kochen bringen und 5 Minuten kochen lassen. Anschließend den Limettensaft dazugießen, nochmals einige Sekunden aufkochen lassen und den Topf vom Herd nehmen.

Den Sud in einen großen Krug geben und von dort in sterilisierte Flaschen füllen; diese gut verschließen.

Mit Mineralwasser (mit oder ohne Kohlensäure) verdünnt servieren oder in Rezepten weiterverarbeiten. Er ist im Kühlschrank einige Wochen haltbar.

Ergibt etwa ½ l Likör
Zubereitungszeit: 10 Minuten
Kochzeit: 7 Minuten

Ginger Breeze

Dieser Cocktail profitiert von dem frischen, würzigen Aroma des Ingwerbiers.

125 ml frischer Cranberrysaft
40 ml Wodka
½ Limette, Saft
Ingwerbier

Cranberrysaft, Wodka und Limettensaft mischen und in ein mit Eiswürfeln gefülltes Glas gießen. Mit Ingwerbier aufgießen und servieren.

Für 1 Person
Zubereitungszeit: 5 Minuten

Lychee-Caipirinha

Caipirinha ist im Trend. Ein Cocktail, den man lässig an der Bar trinkt, bevor man dann für Stunden abtanzt ... Die einzig richtige Art, ihn gebührend zu genießen.

4 EL Ingwersirup (siehe Seite 16)
1 400-g-Dose Lychees in Zuckersirup, abgetropft (den Sirup auffangen)
4 EL Zuckersirup von den Lychees
2 Limetten, jeweils geachtelt
40 ml Malibu oder anderer Kokoslikör
200 ml Cachaça (Zuckerrohrschnaps) oder Rum

Den Ingwersirup und die Lychees in 4 Gläser verteilen. In jedes Glas 1 Esslöffel Lycheesirup, 4 Limettenspalten und 2 Teelöffel Malibu geben. Mit dem Stiel eines Holzlöffels gut rühren und leicht zerstoßen. Dann jedes Glas mit 50 ml Cachaça aufgießen und Eiswürfel dazugeben. Umrühren und servieren.

Für 4 Personen
Zubereitungszeit: 10 Minuten

Folgende Seite: Lychee-Caipirinha.

Pikanter Ingwer-Mule

Dieses euphorisierende Getränk ist ein Weihnachts-Cocktail, der zwar eine berauschende Wirkung hat, aber keinen Brummschädel verursacht. Weniger pikant fällt er aus, wenn man einfach Zucker-sirup von den eingelegten Ingwer-nüssen verwendet.

1 EL Ingwer-Gewürzsirup (siehe Seite 16)
½ kleine Orange, Saft
30 ml Gin
75 ml Ingwerwein (siehe Seite 8)
Sodawasser, nach Belieben

Gewürzsirup, Orangensaft, Gin und Ingwerwein vermischen und auf Eis servieren. Wer mag, gießt mit Sodawasser auf.

Für 1 Person
Zubereitungszeit: 5 Minuten

Prickelnder Ingwerpunsch

Dieser erfrischende Punsch
ist im Nu zubereitet und löscht an
heißen Sommerabenden Ihren
Durst. Zu besonderen Anlässen
können Sie ihn mit einem Schuss
Wodka aufpeppen.

100 ml Ingwerlikör, unverdünnt
(siehe Seite 144)
500 ml kohlensäurehaltiges Mineralwasser
300 ml Maracujasaft
4 Limetten, Saft
Limettenscheiben

Wodka, nach Belieben

Alle Zutaten in einem großen Krug mit Eiswürfeln mischen. Den Wodka nach Belieben
in die einzelnen Gläser geben und mit
Punsch auffüllen.

Für 6 Personen
Zubereitungszeit: 5 Minuten

Sommerpunsch

Dieser Saft schafft es immer
wieder, mich aufzurichten, und
dies ganz besonders an turbu-
lenten Tagen. Tanken Sie die
Vitamine A, C und D – dieser Saft
ist voll davon. Trinken Sie ihn
gleich früh morgens; so entfalten
die wertvollen Inhaltsstoffe ihre
optimale Wirkung. (Bild Seite 158)

1 mittelgroße Karotte
1 Apfel
1 Orange
7 g frischer geschälter Ingwer

Alle Zutaten in den Entsafter geben.
Den Saft nach Belieben mit Wasser verdünnen
oder auch nicht und sofort genießen.

Für 1 Person
Zubereitungszeit: 5 Minuten

Ingwer-Lassi

An heißen Sommertagen ist dieses indische, leicht würzige Getränk eine ideale Erfrischung. Wenn Sie es lieber süß mögen, lassen Sie Salz und Kreuzkümmel weg und fügen stattdessen etwas Zucker oder Honig hinzu.

1 TL Kreuzkümmelsamen
200 ml fettarmer Naturjoghurt
15 g frischer Ingwer, geschält, fein gerieben
1 Prise Salz

Die Kreuzkümmelsamen in einer Pfanne ohne Fett rösten, bis sie aromatisch duften. Dann den Kreuzkümmel in einem Mörser zerstoßen oder in einer Gewürzmühle zerkleinern und mit Joghurt, 200 ml kaltem Wasser, Ingwer, einigen Eiswürfeln und dem Salz vermischen. In hohen Gläsern servieren.

Für 2 Personen
Zubereitungszeit: 8 Minuten
Kochzeit: 1 Minute

Würziger Chai

Zu den Erinnerungen an die Zeit, in der ich in Indien lebte, zählen die Teeverkäufer, die den Passanten auf der Straße »Chai, chai« zuriefen. Einer von ihnen zuckerte das Getränk und goss es aus der sehr hoch gehaltenen Kanne in winzige Tassen, was dem Tee ein angenehmes Prickeln verlieh. Um diesen Effekt zu erzielen, können Sie einen Schneebesen verwenden.

25 g frischer Ingwer, geschält, in Scheiben geschnitten
2 Zimtstangen
8 Gewürznelken
6 grüne Kardamomschoten
6 Beutel Darjeeling-Tee
250 ml Milch
110 g feiner Rohzucker oder Menge nach Belieben

Den Ingwer und die anderen Gewürze in einen Topf mit dickem Boden geben und mit einem Kartoffelstampfer zerstoßen, so dass sich ihr Aroma besser entfaltet. 1½ l kaltes Wasser dazugießen und zum Kochen bringen, dann bei sehr niedriger Temperatur 10 Minuten köcheln lassen.

Den Topf vom Feuer nehmen, die Teebeutel hineinhängen und 5 Minuten ziehen lassen. Die Teebeutel herausnehmen, Milch und nach Belieben Zucker einrühren und den Zucker unter Rühren bei niedriger Temperatur auflösen.

Den Tee in vorgewärmte Tassen verteilen und heiß servieren.

Für 8 Personen
Zubereitungszeit: 10 Minuten + 5 Minuten ziehenlassen
Kochzeit: 12 Minuten

Rezeptverzeichnis

Danksagungen

Dieses Buch ist meiner Großmutter Honey gewidmet.

Mein Dank geht an Magimix für die Eismaschine und KitchenAid für ihre hervorragenden Arbeitsutensilien.

Außerdem danke ich Yuki – wie hast Du nur so schöne Fotografien hinbekommen? Wir hatten viel Spaß. Nicht jedem ist es vergönnt, die Tage mit einer Freundin zu verbringen und sie für sich arbeiten zu lassen. Auch Catie Ziller bin ich dankbar für die Risiken, die sie eingegangen ist.

Ich danke auch meinen Freunden und meinen lieben Familienmitgliedern, die mich inspiriert oder mir Rezepte gegeben haben, die mir beim Testen geholfen haben, mir Formen geliehen haben, meine Abwesenheit in Kauf genommen und die allgemeine Unordnung ertragen haben ... Außerdem danke ich all jenen, die mich bestochen haben, damit ich es an dieser Stelle tue: Ian, Honey und Gug, Georgina, Claire, Annabel, Rosie, Joey, Liz, Ben, Alex, Laurence, Tonia, Tabitha, Amy, Olliy, Ruth, Lulu, Harriet, Kai, Penny, Nick, Morgs, Charlie, Teddy (Siehst du? Ich hab dir doch gesagt, dass ich es tun würde!), Lucy und die fantastische Eleni (So weit weg! Du fehlst mir so sehr!).

Und natürlich Jasmine und David, meiner Mutter und meinem Vater, ohne die ich dieses Buch nie hätte schreiben können.

Alice Hart
studierte an der Universität von Bristol sowie an der Leiths School of Food and Wine in London. Sie war in unterschiedlichen Bereichen der Lebensmittelindustrie tätig, betreut als Zeitschriften-Redakteurin kulinarische Kolumnen und arbeitet in der Gastronomie. Sie lebt in London und Sussex, schreibt für große Magazine und Kochbücher.

Yuki Sugiura
stammt ursprünglich aus Tokio und lebt heute in London. Fotografin vor allem für die Bereiche Food, Interior und Landschaften. Ihre Fotografien erscheinen in zahlreichen namhaften britischen und japanischen Magazinen. Mehrere Buchpublikationen.

Die Originalausgabe dieses Buches ist unter dem Titel
»Gingembre« 2009 bei Marabout/Hachette,
Paris, erschienen. Copyright © Hachette Livre, Marabout 2009.

Aus dem Französischen übersetzt von Kirsten Sonntag.

© 2011
AT Verlag, Aarau und München
Druck und Bindearbeiten: Gráficas Estella, Spanien
Printed in Spain

ISBN 978-3-03800-535-3

www.at-verlag.ch